시대의 1등주를 찾아라

시대의
1등주를
찾아라

1등
펀드매니저처럼
생각하고
투자하는 법

이한영 지음

P page2

세상을 긍정적으로 보는 사람이 부자가 된다. 이미 오를 대로 올랐다고 생각하기보다는 다음 변화는 어디에서 나올 것인지 찾는 사람만이 기회를 잡을 수 있다. 이한영 본부장은 2년 연속으로 '베스트 펀드매니저' 상을 석권한, 금융시장에서 성적이 가장 좋은 펀드매니저다. 「삼프로 TV」에 출연해 한국 주식시장의 가능성을 제시하는 이한영 본부장의 모습은 명확한 방향성에서 나오는 자신감 그 자체였다. 추세적인 변화를 파악할 수 있는 노련함과 풍부한 데이터까지 두루 갖춘 전문가로서 그가 보여준 확신은 매우 인상적이었고 충분히 설득력 있었다. 이 책은 이한영 본부장이 지금의 위치에 오르기까지 17년간 한결같이 고수했던 주식 공부법을 다뤘다. 이 책을 발판 삼아 '1등 주식'과 마주하시기를 진심으로 바란다.

_ 김동환(김프로) 「삼프로TV」 진행자

이한영 저자는 자산운용업계에서 가장 존경하는 후배 펀드매니저 중 한 명이다. 이 책에서 그는 투자자의 마음가짐과 자세, 시장 분석과 진단, 주가를 결정하는 핵심 요소들, 그리고 주도주 중심의 포트폴리오 구성 방법에 대한 구체적인 방법을 아주 쉽고 명료하게 설명한다. 주식 투자 실력을 한 차원 높이고 싶다면 이 책을 세 번 정도 읽어보기를 권한다.

_ 박세익 체슬리투자자문 CEO

이 책의 핵심은 저자가 오랜 기간 펀드매니저 생활을 하면서 실제로 겪고 느낀 생각들을 솔직 담백하게, 아낌없이 전달하고자 하는 진정성에 있다. 우리는 다양한 플랫폼을 통한 초연결 사회로 가는 시대의 변곡점을 맞이하고 있다. 새로운 산업과 기업이 등장하고 퇴출되면서 주식시장도 혼돈의 시대를 거칠 것이다. 이때 1등주를 찾는 노하우만 터득할 수 있다면 그보다 값진 지적자산이 어디 있겠는가. 저자의 실전 노하우를 전수받고 싶은 독자들이라면 단 1초도 아깝지 않을 거라 자신한다.

_ 이경수 메리츠증권 리서치센터장

저자는 오랜 기간 뚜렷한 소신을 가지고 공부에 게으르지 않았던 펀드매니저다. 그래서 감성적 짝사랑으로 시작한 주식투자가 이성적인 대응의 영역으로 변화할 때까지 초보투자자들을 이끌어줄 수 있다.

이 책은 처음 입사한 신입 펀드매니저를 훈련시키는 시니어의 가이드를 기록해 놓은 매뉴얼 같다. 실전에서 익힌 소중한 비법들을 옆에 앉아 하나하나 가르쳐주는 선생님처럼 차근차근 알려준다. 여러분이 책을 펼치는 순간, 톱다운에서 보텀업의 영역까지 최고의 펀드매니저의 훌륭한 팁을 전수받게 될 것이다.

_ 고태봉 하이투자증권 리서치본부장

바야흐로 투자의 시대가 도래했다. 저금리로 인해 안전자산으로 여겨지던 은행 예금은 투자자의 자산 증대에 도움이 되지 않는 상황인 반면 한국의 기업들은 다양한 산업에서 글로벌 경쟁력을 입증하고 있다.

10년 전 NASDAQ 지수는 2000포인트였지만, 현재 1만 5000포인트를 육박하고 있다. 금융시장에 특별한 충격이 오지 않는 한 한국의 KOSPI도 10년 내 1만포인트 시대를 열 수 있을 것으로 보인다. 물론 그동안 우여곡절 또한 많을 것이지만 말이다.

그래서 필요한 것이 바로 이 책에 적힌 1등주를 찾아내는 기술이다. 이한영 저자는 자산운용사의 운용본부장으로서, 또 펀드 관리자로서 오랜 경험을 바탕으로 수익률을 달성하고 후배 매니저들을 양성하는 업무를 누구보다 잘 수행하고 있는, 능력을 인정받는 한국의 대표 펀드매니저다.

펀드매니저로 성장하면서 배우고, 발전시킨 자기만의 방법론을 전문가가 아닌 개인투자자들이 쉽게 실행할 수 있도록 최대한 간단하게 정리를 한 이 책은 독자들의 투자 여정에 반드시 필요한 필수품이라고 생각한다. 책 속 지식을 습득하고, 자신만의 방법으로 발전시켜 시대의 1등주로 성공투자 하시기를 기원한다.

_ 장덕수 DS자산운용 회장

'주가는 기업의 가치다.' 이 단순한 문장은 개인투자자들이 가장 먼저 생각할 명제다. 주식 투자를 단순히 투기개념으로 접근하다가는 큰 낭패를 볼 수 있다. 이 책은 주가, 즉 기업 가치를 분석하는 가장 기본적이고 실질적인 내용을 담고 있다.

기업 가치에 영향을 미치는 변수와 분석의 주요 키 팩터(key factor) 등 이론적인 측면뿐만 아니라 유통 물량, 밸류에이션 기법을 활용한 차익 실현 방법 등 실제로 우리가 주식시장에서 맞닥뜨리는 고민거리에 대한 해답을 제시하고 있다. 저자의 탁월한 성과만 봐도 이 책의 학습효과는 충분하다. 유능한 펀드매니저는 시장을 이기기 위해 어떻게 접근하는지 궁금해하는 초보 투자자, 주식시장에서 성공적인 투자성과를 원하는 투자자들께 일독을 권한다.

_ 김태원 NH투자증권 부사장, WholeSale 사업부 대표

주식시장은 일종의 머니게임의 장이다. 게임에서 승리하기 위해서는 항상 강한 놈 옆에 붙어 있어야 한다. 그런 이유로 그 시대의 일등주가 무엇인가를 판단하는 것은 망망대해를 항해할 때 필요한 나침판과 같다. 미래를 예측하는 일은 천재들의 영역이라 보통 사람들은 변화를 초기에 확인하고 재빨리 편승하기만 해도 성공할 수 있다. 이 책은 그 시대의 중심이 어떻게 변하고 있는지를 판단할 수 있는 지름길을 알려준다.

_ 강성석 전 교직원공제회 CIO

이한영 펀드매니저는 11년 전 주식시장에 처음 발을 들였을 때, 비슷한 주니어 금융인으로 만났을 때부터 남다르다고 느꼈다. 산업세미나, 기업세미나에서 쏟아내는 그의 질문은 수준과 깊이가 달라서 세미나를 하러 갈 때마다 매우 긴장해야 했던 주요 인물이었다. 그래서 펀드매니저로 두각을 나타내는 것은 시간의 문제일 뿐이라고 생각했다. 시장 전체를 거의 지도처럼 구조화했기 때문에 어떤 이벤트가 발생했을 때 각 산업과 기업에 어떤 일이 발생하고 주가에 어떻게 영향을 미칠지 파악하고는 늘 발 빠르게 대응했다. 책에 담겨 있는 산업의 밸류체인이나 기업 분석자료, 저자가 17년간 루틴처럼 반복해 온 일 등을 보다 보면 그가 왜 1등 펀드매니저인지를 확인할 수 있다. 한국을 대표하는 펀드매니저를 꼽으라고 하면, 나는 사석에서나 공석에서나 이한영 저자를 말했다. 그가 우리 세대 최고 매니저라는 생각에는 지금도 변함이 없다.

_ 채상욱 「채상욱TV」 주인장

주식 투자의 목적은
'짝사랑'이 아니라 '수익률'이다

요즘같이 주식 열풍인 시대에는 누구를 만나더라도 꼭 듣게 되는 질문이 있다. "뭐 사야 해요?" "뭐가 좋아요?" "언제 사요? 언제 팔아요?" "왜 빠져요?" 자주 들어서 너무 익숙하지만 들을 때마다 항상 안타깝다. "지금 이 순간, 바로 이 종목이에요!" 라고 원하는 답을 제대로 드릴 수 없는 직업적 한계 때문에 아쉬운 마음도 크다.

그리고 그 질문에 투자자들이 주식을 대하는 본심이 고스란히 다 담겨 있는 게 느껴진다. 필자에게는 그 단순한 질문이 이렇게 들린다. "어떤 섹터에 있는 어떤 종목을 사야 하나요?" "매수 타이밍과 목표가는 얼마인가요?" "주가가 하락하는 이유는 무엇일까요? 더 사야 할까요, 팔아야 할까요?" 결국 우리는 투자를 시작하는 순간부터 투자의 본질에 대한 질문을 끊임없이 머릿속으로 되풀이할 수밖에 없다.

주식 투자를 하다 보면 주가의 변화무쌍한 움직임에 정신을 못 차릴 때가 생긴다. 그 과정에서 자연스럽게 절망과 후회, 희망과 탐욕을 경험하게 된다. 주식을 처음 접한 초보투자자부터 펀드매니저까지 모두가 겪을 수밖에 없는 경험이다.

그리고 경험치가 쌓이다 보면 투자 대상에 대한 분석과 투자자의 심리가 결합하면서 수많은 의사결정이 이루어진다는 것을 깨닫게 된다. 주식시장은 나 혼자만 생각하고 투자하는 것이 아니라, 다른 생각을 하는 다양한 투자자들과 함께 참여하는 곳이다. 그래서 전 세계적인 정치·경제 이슈, 산업의 변화 등 각종 변수가 끊임없이 발생한다. 그러다 보면 '주식이라는 것이 내 마음 같지 않구나' 하는 생각이 들면서 세상 이보다 어려운 일이 없다는 것을 새삼 깨닫게 될 것이다.

참 이상하게도 처음에는 쉽게 생각해서 남들 따라 뭣 모르고 시작했던 주식 투자라는 것이, 투자를 하면 할수록 어렵고 위험한 것이라는 걸 느끼게 된다. 그럼에도 다수의 투자자들은 '이번 투자는 성공적인 결과를 가져다줄 거야!'라고 확신을 가지며 자신 있게 끊임없이 투자를 한다.

실패를 경험하고 위험하다는 생각을 하면서도 우리가 투자를 계속하는 이유는 무엇일까? 아마도 주변에서 벌어지는 각종 변화와 사람들의 기대감 속에서 발생하는 '높은 수익률' 때문일 것이다. 높은 수익률의 가능성이 우리에게 매력을 느끼게 하고, 성공하는 순간에 맛보는 희열이 강렬해서 비록 근거 없는 자신감일지라도 망설이지 않고 투자를 하게 되는 것이다.

필자는 주식 투자를 짝사랑에 비유하기도 한다. 투자자인 우리가 좋아서 열심히 매수하는 그 주식(기업)은 사실 우리가 매수 버튼을 누르고 있는 것도 모른다. 그저 우리가 좋아서 매수 버튼을 누르는 것이다. 그러다 주가가 상승하면 기분이 좋아지는 것은 당연하고, 그 주식에 대한 확신이 더 생긴다. 감정과 확신이 결합되어 이보다 좋은 기업은 없다면서 무한 사랑에 빠지게 된다. 그런데 짝사랑의 결말은 무엇일까? 짝사랑의 사전적 정의는 '한쪽만 상대편을 사랑하는 일'로, 그 결말은 비극이다. 주가가 떨어져서 절망에 빠지는 우리를, 그 주식은 전혀 모른다. 우리는 결국 절망에 빠져 매도 버튼을 누르고 말 것이다. 그러고는 또 다른 짝사랑을 찾아갈 것이다.

주식 초보자들의 매매 패턴을 조금 재미있게 표현한 것이지만 사실 이것은 펀드매니저들도 많이 반복하는 현상이다. 필자도 전보다는 덜하지만, 가끔 이런 매매를 할 때가 있다. 투자자들이 기계가 아닌 사람이기에 어쩌면 피할 수 없는 현상이기도 하다. 하지만 투자는 돈이 걸린 문제다. 감성에 이끌려 짝사랑만 할 것인지 아니면 냉정을 되찾고 이성적으로 대응할 것인지 진지하게 고민해봐야 한다.

종합주가지수[Korea Composite Stock Price Index, 이하 KOSPI; 한국증권거래소에 상장된 모든 주식의 시가총액을 산출해 주식시장 전체의 흐름을 파악하는 지표다. 기준 시점(1980년 1월 4일)과 비교 시점의 전체적인 주가를 비교해 주식 변동성을 확인할 수 있다]가 탄생한 지 40여 년이 지난 지금 KOSPI는 3000포인트를 돌파하면서 소위 '주식 광풍'이라고 불리는 시기를 보내고 있다. 필자는 펀드매니저로 2004년 말부터 업무를 시작했는데 사람들의 주식에 대한 관심이 이렇게까지 많았던 적이 있었던가를 새삼 돌아보게 되는 상황이다.

'주린이(주식+어린이)'라는 신조어가 등장할 정도로 수많은 초보 투자자가 생겼다. 다양한 매체를 활용하면서 주식 투자에 대한 견문이 넓어지고 있는 시점이지만 필자가 느끼기에는 여전히 투기에 가까운 투자를 하는 경우도 많아 보여서 안타까운 마음, 걱정되는 마음이 함께 든다. 아마도 이루어지지 않은 짝사랑에 괴로워하는 친구를 보는 심정과 같을 것이다.

필자는 한국 금융시장에 존재하는 수천 명의 펀드매니저 중에 한 사람으로서 매년 양호한 성과를 거두었고, 최근에는 2년 연속으로 '대한민국 펀드대상 올해의 펀드매니저(사모 부문)' 상을 수상했다. 담당하는 펀드들도 각종 상을 수상하면서 인정을 받아온 것이 사실이지만 영상 채널에 출연하는 것은 최대한 자제했다. 괜한 오해와 사고를 불러일으키고 싶지 않아서였다. 대중 앞에서 시황을 전망하고, 전략을 공개하며, 종목을 추천하는 것에는 상당한 부담감이 있을 뿐 아니라 펀드매니저라는 직업적인 특수성이 불러오는 복잡한 문제도 생긴다.

이 중에서도 가장 부담스러운 점은 현재 고객들의 평가다. 필자가 본부장으로 있는 주식운용본부의 특정 기간이나 연간 단위의 수익률이 양호한 성과일지라도 펀드를 가입한 고객들은 가입 시점에 따라 수익률이 달라진다. 1년이라는 기간으로 보면 성과가 좋더라도, 12개월 중에서 몇 개월 동안은 마이너스 수익률을 기록하기도 한다. 실제 담당하는 펀드 역시 2년 연속 펀드대상을 수상했으나 1년 내내, 12개월 모두 수익률이 플러스였던 적은 없다. 실제로

1년에 4개월씩, 2년간 총 8개월은 마이너스 수익률을 기록했다. 이때 가입한 고객들은 실망감을 가지고 펀드 수익률 추이를 지켜봤을 것이다. 혹시라도 이런 구간에 담당 매니저가 언론에 나와서 장밋빛 희망만을 주장하고 "나는 시장을 잘 맞추고 수익률도 높다"라고 떠들고 다닌다면, 과연 나의 고객들은 어떤 생각을 할 것인지 걱정이 앞섰다. 결국 매니저는 수익률로 증명해야 한다는 생각에 미디어 출연을 자제했다.

그러나 시대가 바뀌어 다양한 매체를 통해 각종 정보와 전문가의 주장을 쉽게 접하게 되는 환경이 조성되었다. 이를 근간으로 투자를 결정하는 수많은 투자자들을 보면서 많든 적든 그 소중한 자산을 불리는 데 조금이라도 도움이 되었으면 하는 바람을 갖게 되었다. 그래서 2020년 8월 「삼프로TV」를 통해 방송 출연을 시작하게 되었다. 자주는 아니지만 시장에 대한 고민이 필요한 시점에는 함께 고민하고 나름의 방향성을 제시하는 정도다.

책을 쓰는 것도 같은 취지에서 시작되었다. 애널리스트나 경제학자가 아닌, 펀드를 관리하는 '관리자(Manager)'이자 고객의 돈으로 실전 매매를 하는 '기술자'로서 필자가 강점을 가지고 도움을 줄 수 있는 부분을 정리하여 전달하기로 했다.

주식을 공부하고 투자하는 방법에 정답은 없을 것이다. 이 책에 담긴 내용도 투자법에 대한 정답이라기보다는 필자가 업계 선배님에게 배우면서 체득한 '주식 공부 노하우'에 가깝다, 실제 업무를 함께하고 있는 후배들과 공유하는 것이기도 하며, 지금도 꾸준히 실천하고 있는 주식 공부법이다. 따라서 맞고 틀리고를 떠나 '아, 이런 과정을 통해 이런 것들을 생각해볼 수 있구나!' 하는 방법론적인 이야기에 초점을 맞추고 함께 고민하는 시간이 되었으면 좋겠다. 이를 토대로 시장과 종목을 공부해서 본인의 투자에 적용한다면 '희망만 가득한 짝사랑'이 아닌 '뜨겁게 사랑하되, 차갑게 다루는' 전문가에 가까운 투자를 할 수 있을 것이다.

이 책을 정리하면서 어떻게 하면 방법론적으로 큰 틀을 보여주면서 실질적으로도 도움이 될까 수없이 고민하다가 결국 펀드매니저답게 톱다운(Top down)과 보텀업(Bottom up) 접근법을 통해 설명하기로 결정했다.

용어가 거창하다고 어려울 것은 없다. 투자자라면 내가 투자하게 될 시장의 현재 환경이 어떤지, 그리고 어떻게 변화할지는 알아야 한다. 이렇게 시장 환경을 알아보고 여기서 내가 가져야 할 마음가짐은 어때야 하는지를 알아보는 것이 '톱다운' 접근법이다.

반대로 기업보고서 등을 찾아보며 개별 종목을 샅샅이 살펴보는 것을 '보텀업' 접근법이라고 하는데, 이것은 주식 초보자에게 가장 필요한 작업이다. 이 두 가지 접근법을 통해 펀드매니저처럼 전문적인 도구를 쓰지 않더라도 높은 확률로 투자를 이어갈 수 있는 최소한의 방법만을 담아보고자 했다.

아쉽지만 지금부터 이어가는 이야기는 결국 모두가 싫어하는 '공부'에 대한 내용이 될 것이다. 그럼에도 이런 설명을 할 수밖에 없는 이유는 가장 기초적인 내용이 여러분 수익률의 밑거름이 되기 때문이다. 여러분이 이 책을 통해 기초를 단단히 쌓아 주식을 재미있게 바라보면서도 결단의 순간에는 냉정해질 줄 아는 투자자가 되었으면 좋겠다.

차례

제1부

"살까 말까 고민되면 사지 마라"
투자를 하기 위한 마음의 준비

제1부

살까 말까 고민되면
사지 마라

투 자 를 하 기 위 한 마 음 의 준 비

필자는 앞에서 주식 투자를 짝사랑에 비유했다. 짝사랑만큼 열정이 끓어넘치는 것이 없다지만 혼자 이끌어가는 감정이므로 아무래도 마음고생이 심하다. 이 마음고생을 겪으면서 상대방의 마음을 얻어야 성공적인 사랑으로 끝을 맺을 수 있다. 하지만 내 마음과 달리 상대방의 호감을 얻는 전략은 성공할 수도, 실패할 수도 있다. 결국 내가 흔들리지 않으려면 어떤 전략이나 분석 능력보다 유연한 자세와 바른 마음가짐이 필요하다. 주식 투자도 짝사랑처럼 둘러싼 환경이 갑자기 변할 수도 있고, 어떤 변화를 바라며 인내심을 가지고 기다려야 할 수도 있다. 결국 우리의 자세와 마음가짐에 따라 성공과 실패의 결과를 도출하게 될 것이다.

모든 일이 그렇듯 어렵고 복잡하게 생각하면 할수록 오히려 일이 잘 안 풀리고 꼬여버린다. 주식 또한 마찬가지다. 복잡하고 어렵게 대하면 한없이 어려워지는 존재이며 때로는 투자자의 자존감을 나락으로 떨어뜨리기도 한다.

이 책의 첫 번째 장을 '마음의 준비'로 정한 것도 이러한 이유다. 필자가 인턴이나 신입사원과 함께 일하게 됐을 때 꼭 한 번은 했던 이야기들을 한데 묶었다. 어찌 보면 '나 때는 말이야' 하는 이야기로 들릴 수도 있겠지만 간접적으로 경험치를 쌓는다는 생각으로 읽어주었으면 좋겠다.

과거에 필자가 모셨던 본부장님들은 공통적으로 산책을 좋아하셨다. 장이 끝나면 여의도 공원이나 샛강 수변공원을 걷자고 하시면서 이런저런 이야기를 해주셨다. 그 경험담을 밑거름 삼아 필자가 성장했으니, 이 책에는 여의도 역사에 한 획을 그었던 분들의 어록이 고스란히 담겨 있다고 해도 과언이 아닐 것이다.

너무나도 당연한 말들과 이야기지만, 결국 이 속에 진리가 있다고 생각한다. 1부의 이야기는 한번은 꼭 생각해볼 내용이며, 인문학 책을 읽듯이 "왜 필자는 이런 이야기를 할까?" 라고 되물어보는 느낌으로 읽어보기를 권한다.

01

주식 투자의 왕도는
'공부! 공부! 공부!'

"주식 공부 어떻게 해야 할까요?" "초보투자자들에게 해주고 싶은 이야기가 있다면요?" "2년 연속 베스트 펀드매니저로서 본인만의 성공 투자 노하우는 무엇인가요?" 최근 여러 언론에서 가장 많이, 빠지지 않고 꼭 받는 질문들이다. 이런 상황과 마주할 때마다 질문에 함축된 의미를 생각해본다. 그만큼 많은 사람들이 투자를 하려고 하는데 어찌할 바를 모르고 있다는 뜻일 것이다. 이에 대한 해결책은 매우 간단하면서도 단호하게, 딱 한 단어로 말할 수 있다. 바로 '공부'다.

누구나 마찬가지겠지만 필자는 학교 다닐 때 "공부하라"는 얘기가 정말 듣기 싫었다. 어쩌면 공부를 안 하기 위해서 노력했던 것 같다. 그런데 지나고 보니 그때 공부를 했어야 했다. 한 번만 공부했으면 평생 써먹을 수 있었던 것을 몰라서 못 써먹었고, 사고의 틀을 넓힐 기회를 놓쳤다는 것을 깨달으면서 뒤늦게 후회를 했다.

위와 같은 맥락으로 주식을 이해했으면 좋겠다. 주식 공부도 처음에 한 번만 제대로 하면 평생 써먹을 수 있다. 왜냐하면 기업은 생각보다 그렇게 '빨리', 그리고 '많이' 바뀌지 않는다. 따라서 처음에 기업을 제대로 분석하고 이해하면 다음부터는 변화만 꾸준히 업데이트해도 된다. 제대로 이해하고 있는 기업 10개만 있으면 평생 안정적으로 수익률을 내는 데 무리가 없을 것이다. 이것은 경험상 자신 있게 말할 수 있으며, 실제로 지금도 이런 생각을 가지고 공부를 하고 있다.

필자에게 새로운 기업은 신규로 기업공개(Initial public offering, 이하 IPO)하는 기업들인데, 처음 보는 기업이므로 공부하기 전에는 제대로 이해하지 못한다. 그러나 다행히도 기업이 상장을 준비하는 과정에서 펀드매니저들에게 수요예측에 참여할 수 있는 기회가 주어진다 (수요예측을 통해 개인들이 참여하는 신규 상장 기업의 공모가가 정해진다). 절차상 기업설명회가 열리는데 이때

> **기업공개(IPO)**
> 일정 규모를 갖춘 비상장 기업이 유가증권시장이나 코스닥시장에 상장하기 위해 처음으로 외부투자자들에게 기업을 공개하는 것이다. 재무 등 경영 내역을 공시하고, 첫 주식 공매를 실시한다.

'한 번만 제대로 공부를 해두자'는 생각으로 반드시 기업 미팅에 참석한다. 즉, 시장 참여자 모두가 처음인 그 순간에 제대로 공부를 하는 것이다.

필자에게 이상하게 징크스처럼 나타나는 일들이 있다. 다른 일들이 많아서 기업 탐방이나 컨퍼런스콜, 세미나 등을 놓치고 공부를 제대로 하지 않으면 꼭 해당 산업이나 기업에서 급등락이 발생한다. 최신 정보가 부족한 상황에서 큰 변동성을 맞이하게 되면 즉시 대응하는 게 어려워서 결국 다시 확인하는 과정을 거치게 된다. 그래서 항상 후회하게 된다. "어제라도 업데이트를 했으면……" 하고 말이다. 그래서 아무리 바빠도 가급적 기업 탐방이나 세미나에 참석하려고 노력하고 있다.

우리는 온라인 시대에 살고 있지만 명품을 살 때는 직접 오프라인 매장에 방문해 긴 줄을 서서 기다리면서까지 반드시 물건을 살펴본 뒤에 구매한다. 자동차를 구매할 때는 시승을 해보면서 기능을 살펴보고, 부동산을 구매할 때는 몇 번을 방문하면서 아파트 하자를 점검하고 주변 생활 환경도 살피면서 매우 신중하게 생각하고 투자한다.

그런데 주식 투자를 할 때는 여전히 많은 사람이 각종 언론 매체나 먼저 투자를 한 누군가가 하는 말만 듣고 투자한다. 심지어 그 말을 한 사람을 검증하지도 않는다. 오로지 언론 매체에 나왔다는 것과 투자를 실제로 했다는 것 자체만으로 신뢰한다. 문제는 주식도 명품, 차, 부동산 등을 구매할 때처럼 신중하게 선택했냐는 것이다. 안타깝게도 그렇지 않을 것이다. 사람들의 얘기를 듣고 나면 주가를 보게 되고, 뭔가 급등할 것 같은 차트와 시세의 기운을 느끼게 되면 마음이 급해져 그냥 일단 매수 버튼을 누르게 된다. 그러나 주식은 '내 마음과는 다르게' 움직여 손실이 발생한다. 한 번의 실패에도 불구하고 이러한 과정을 무한 반복하면서 손실은 지속적으로 누적된다.

이렇게 되면 투자를 멈추고 점검을 해야 하는데 오히려 손해를 만회하기 위해 투기에 가까운 투자를 하게 된다. 그러다 결국 자신하고 주식은 서로 맞지 않다며 투자를 중단하거나, 손실을 안겨준 종목이 투자 원금에 도달할 때까지 방치하는 영역으로 진입하게 된다. 사실 펀드매니저들에게도 위와 같은 일이 발생한다. 펀드매니저도 사람인지라 많은 매매를 하다 보면 수익률 경쟁에서 뒤처지거나, 분석이 조금 덜 된 주식을 시황에 따라 휩쓸려 매매하기도 한다. 일반투자자든 펀드매니저든 이것의 결론은 똑같다. 이른바 손절매(Loss cut 또는 Stop loss)를 하는 것이다. 그런데 이때 우리가 공부를 마친 상태라면 매수와 매도에 대한 의사결정을 신속하고 정확하게 할 수 있고, 심지어 언제 매수하고 매도할

> **손절매**
> 주가가 매입가격보다 낮아져 손실을 보는 상황임에도 주식을 매도하는 행위다. 앞으로 주가가 더 떨어질 것으로 예상되는 경우에 손해를 최소화하기 위해 실행한다. 기관투자자는 손실이 일정 비율을 넘으면 의무적으로 시행하게 되어 있다.

것인지 타이밍까지 잴 수 있다. 즉, 자신만의 판단력이 성공 투자의 확률을 높여주는 것이다.

그럼 어떤 공부를 해야 할까? 필자가 생각하기에 꼭 필요한 주식 공부는 다음과 같다. '투자자 본인(나)에 대한 공부', '성장하는 산업을 찾아내는 공부', '1등 기업을 찾아내는 공부', '주식하는 뇌를 만드는 공부'가 필요하다.

필자는 지금까지 신입 직원들을 많이 채용했다. 스펙만을 보고 채용하진 않지만 채용하고 보면 명문대 출신이 많다. 학교 다닐 때 분명 우등생이었을 인재들도 신입 시절에는 어려움을 겪는다. 거시경제(Macro)에 대한 이해가 부족하다는 지적, 며칠을 분석해서 발표한 개별 종목인데도 제대로 점검하지 않았다는 잔소리를 들으면서 회사를 다니는 상황이 일정 기간 지속된다. 왜냐하면 산업과 기업에 대한 기초 지식과 경험치가 부족할 수밖에 없기 때문이다. 그래서 펀드매니저는 신입 시절부터 특정 섹터를 맡아 섹터별 기초교육을 받는다. 그리고 다수의 세미나에 참석하고 기업을 탐방하며 매일 리포트를 작성하고 발표하는 과정을 무한 반복한다.

담당하는 섹터가 바뀌면 이런 과정을 또 반복한다. 주니어(Junior)가 시니어(Senior) 매니저가 될 때까지 전 섹터를 섭렵해야 하므로 빠르면 5년, 길면 10년은 이러한 과정을 거친다. 여기서 끝나면 좋겠지만 그 이후에도 새로운 기업, 새로운 테마, 새로운 산업을 계속해서 공부해야 한다. 여기에 더해 주도 산업이 될 섹터와 그 섹터를 대표하는 대표주를 개발하는 작업까지 할 줄 알아야 한다. 그러지 못하면 살아 움직이는 주식시장이라는 세계에서 순식간에 도태된다.

안타깝게도 이렇게 산업과 기업 공부가 되었다고 좋은 펀드 성과를 내는 것도 아니다. 거시경제의 유기적인 흐름을 파악할 수 있어야만 시황을 판단(Top down approach)할 수 있다. 또 산업과 기업을 꼼꼼하게 분석하고 언제 매수·매도를 할 것인지 의사결정(Bottom up approach)을 할 수 있어야 포트폴리오를 구성할 수 있다. 즉, 매매 타이밍을 잡아야 된다는 것이다. 이때 펀드매니저는 '펀드'라는 실전 매매

> **톱다운(Top down)과 보텀업(Bottom up) 접근법**
> 주식이 시장에서 거래되는 상황, 즉 주식시장의 큰 흐름(시황)을 파악하고, 여기에서 투자 아이디어를 도출하는 방법을 '톱다운' 접근법이라고 한다. 이와 반대로 기업의 개별 경영실적을 투자 의사결정에 반영하는 것을 '보텀업' 접근법이라고 한다.

를 통해 성공과 실패를 경험하게 된다. 기업의 재산을 관리하고 처분하는 펀드매니저는 이 과정을 통해 성장하고, 성공과 실패의 누적은 펀드매니저의 내공으로 쌓인다.

펀드매니저는 업을 그만두는 그날까지 이런 일련의 과정을 지속한다. 물론 일반투자자에게 펀드매니저처럼 공부를 하라고 강요하는 것은 아니다. 이렇게 체계적인 과정을 거쳐서 육성되는 사람이라도 항상 성공적인 성과를 도출하지 못하는 것이 주식 투자라는 것을 말하고 싶은 것이다. 펀드매니저처럼 할 수는 없더라도 할 수

있는 범위 내에서 최소한의 공부는 하고 투자를 하자는 말을 꼭 건네고 싶다.

SUMMARY

- 주식 투자의 원천은 소중한 나의 자산(돈)이다. 반드시 공부하고, 투자하자.
- '투자자 본인(나)에 대한 공부', '주식하는 뇌를 만드는 공부', '성장하는 산업을 찾아내는 공부', '기업을 분석하는 공부'를 하자.
- 펀드매니저도 산업·섹터 기초 교육을 받으면서 산업 지형을 파악한다. 산업 지도(Map)에 따라 기업을 탐방하고, 이를 토대로 기업 분석 리포트를 작성하는 과정을 무한 반복하며 성장하는 것이다.
- 이렇게 열심히 공부하지만, 그럼에도 주식의 오르내림은 '내 마음 같지 않다.'

02
흔들리지 않는 나만의
투자 준칙 정하기

펀드(간접투자상품)에 가입한 투자자라면 주기적으로 펀드명세서를 받아보게 된다. 이때 펀드의 포트폴리오가 공개되는데 동일한 유형의 주식형 펀드라고 하더라도 펀드의 구성에 따라 섹터별 비중이 조금씩 다른 것을 볼 수 있다.

운용보고서를 보면 다음과 같은 표가 나온다. 예시처럼 섹터별로 표시된 부분도 있고, 개별 종목이 나열된 부분도 있을 것이다. 표에서 '시장 내 비중'은 KOSPI 시가총액을 기준으로 해당 섹터가 KOSPI에서 차지하는 비중을 의미한다. 우리는 이것을 편히 '시장 비중'이라고도 부른다. 그 왼쪽에는 '펀드 비중'이 있는데, 여기에는

섹터별 성과 기여

섹터명	펀드 비중 (%)	시장 내 비중 (%)	초과 비중 (% p)	수익 기여도 (% p)	기여 수익률 (%)
하드웨어	16.13	24.82	-8.69	10.98	0.306
미디어	12.57	1.56	11.01	3.52	1.165
내구소비재 및 의류	11.38	2.87	8.51	51.04	2.159
자동차 및 부품	8.01	6.25	1.76	7.11	0.308
소비자 서비스	5.91	0.74	5.17	-17.34	-0.58
제약 및 바이오	5.25	9.01	-3.76	-0.53	-0.144
유통	5.14	1.38	3.76	-8.62	-0.236
반도체	5.08	5.24	-0.16	1.78	0.065

자료: DS자산운용

펀드에서 실제로 편입한 종목들을 섹터별로 분류하고 이것들의 합을 적는다. 주식시장을 완전히 복제하지 않는 이상, 시장 내 비중보다 많이 산 섹터가 있고 적게 산 섹터가 생긴다. 이를 Active bet(시가총액 대비 펀드 편입 비중)이라고 한다. 실제로 어느 섹터에 더 베팅하고 어느 섹터에 덜 베팅했는지를 뜻하는데, 이는 '초과 비중'을 보면 한눈에 파악할 수 있다.

일반적인 주식형 공모펀드는 주식시장의 복제율을 높이기 위해 Active bet의 범위를 0.1~0.5%로 만들려고 노력한다. 시장 내 비중이 1%인 경우 1.1~1.5% 정도를 펀드에 편입한다는 의미다. 이렇게 뿌려진 섹터별 Active bet이 합쳐져서 시장과의 괴리가 생긴다. 시장보다 좋은 성과를 얻으면 '시장 대비 아웃퍼폼(Out perform)했다'고 표현하고, 시장보다 못하면 '시장 대비 언더퍼폼(Under peform)했다'고 표현한다.

사실 편입 비중은 관심을 가지고 보지 않는다면 모르고 지나갈 수 있는 내용이지만 펀드매니저나 PB(Private banker)는 이 항목을 반드시 확인한다. 개인투자자도 펀드의 운용 성격과 포트폴리오의 방향성, 펀드매니저의 성향을 파악하고 싶다면 이 부분을 꼭 확인해야 한다.

'왜 같은 섹터에 투자하는데 펀드마다 투자 비중이 다른 것일까?' 이 질문을 다른 말로 조금 더 쉽게 표현하면 이렇게 된다. '왜 어떤 펀드매니저는 특정 섹터의 비중을 높이고, 또 다른 펀드매니저는 같은 섹터의 비중을 낮추는 것일까?' 물론 여러 가지 요인이 있겠지만 주된 이유는 단순하다.

펀드매니저 본인의 투자 스타일 때문이다. 펀드매니저는 성장하는 과정에서 다양한 환경에 노출되며 자연스럽게 자신만의 투자

공모펀드와 사모펀드

공모펀드는 불특정 다수의 일반인을 투자자로 모집하는 반면, 사모펀드는 49인 이하 소수 인원만 투자자로 모집해 자금을 운영한다. 공모펀드는 투자자 보호를 위해 엄격한 규제가 적용되지만, 사모펀드는 규제가 면제되거나 완화된다.

PB

증권사나 은행에서 고액 자산가를 대상으로 1:1 자산 관리 포트폴리오를 제공하는 금융전문가다. 펀드매니저의 업그레이드 버전이라고 이해하면 된다.

스타일을 만든다. 펀드매니저도 사람이기에 판단의 기준이 다르고 공부하는 양도 다르다. 따라서 베팅하는 강도의 차이, 손실을 견뎌 내는 정도(맷집)의 차이 등 정량적, 정성적인 요인들이 결합되면서 투자 성향을 결정짓는다. 그 결과 어떤 펀드매니저는 포트폴리오 100%를 10개 종목으로 압축하는가 하면, 또 다른 펀드매니저는 수십 개의 종목에 분산투자한다. 즉, 투자하는 주체가 누구든지 간에 결국 사람이 투자를 하는 것이라서 각자 기준이 다른 것이다. 따라서 반드시 본인만의 기준을 정해놓고 투자해야 한다. 이것은 투자 철학과도 연관이 될 수 있는 요인이므로 주식 공부를 시작하기 전에 한 번은 생각해봐야 한다. 본인만의 준칙을 세우는 대략의 기준은 다음을 참고해보자.

투자 준칙을 세우는
5가지 기준

첫 번째, '투자할 돈의 규모'를 정해야 한다. 마음 놓고 투자할 수 있는 자금은 얼마인지를 계산해보는 것이다. 단기간에 꼭 써야 하는 용도가 있는 돈으로 투자를 하면 성공 확률이 낮아진다. 앞에서도 언급했듯이 주식시장은 살아 있는 생물과 같아서 내 맘같이 움직이지 않는다. 내가 자금을 빼야 하는 시점에 수익을 안겨주지 않을 수 있는 것이다. 따라서 주식과 밀당을 하려면 충분히 시간을 가질 수 있는 자금을 확보하고 그 돈으로 투자를 해야 한다.

두 번째, '1종목당 투자 비중'를 정해야 한다. 가진 돈이 100일 때 한 방을 노리며 한 번에 100을 투자하는 이른바 '몰빵' 형태는 피해야 한다. 만약 1개 종목으로 승부를 보더라도 혹시 모를 사태에 대비해서 추가로 매수할 수 있는 여유 자금은 남겨두는 것이 좋다. 또, 그전에 자신이 견딜 수 있는 '투자의 비중'을 확인해야 한다. 1개 종목에 얼마를 투자했을 때 심리적으로 불편해지는지 파악하는 것이 중요하다. 물론 이것은 투자자의 성향과 상황에 따라 다르기 때문에 체감해보는 수밖에 없다. 그러므로 투자를 하면서 계속해서 자신의 심리 상태를 관찰해보기를 권한다.

세 번째, '투자할 기간'을 정해야 한다. 투자도 방향성과 스타일이 있으므로 이에 따라 투자하는 기간도 달라져야 한다. '성장하는 산업에서 시장 점유율을 높여가는 업종의 대표주에 투자했으니까 사업의 성장기에 진입해서 성숙기에 차익을 실현하겠다'라든지, 아니면 '성숙기에서 쇠퇴기로 진입하는 사양산업인 것은 알지만 그래도 1~2년은 단기 수급 효과를 볼 것 같고, 밸류에이션(Valuation)도 싸니까 단기 차익을 노리는 트레이딩으로 접근하겠다'라는 기준을 가지고

> **밸류에이션**
> 기업의 현재 가치를 분석하는 것으로 비즈니스 모델, 자본 구조, 미래 수익 전망 등 기업 자산의 시장 가치를 반영하여 계산한다. 뒤에 나오는 PER, PBR 등이 대표적인 밸류에이션 값이다.

투자 기간을 정하는 것이다.

네 번째, '매수, 매도의 이유'가 확실해야 한다. 누군가한테 정보를 들어서 사고, 손실이 나서 파는 행위를 영원히 할 수는 없는 일이다. 매수할 때는 명확한 이유가 있어야 한다. 모멘텀(Momentum)이 확실하든지, 밸류에이션이 매력적이든지, 예상 실적이 명확하게 보인다든지 등의 사유가 뒷받침되어야 한다. 마찬가지로 매도할 때도 차익

> **모멘텀**
> 주로 주가가 상승하는 추세를 만들어내거나 유지할 만한 근거가 되는 것을 말한다.

실현이나 손실 제한, 판단의 변화 등의 명확한 이유가 있어야 한다.

다섯 번째, '마음이 편한 투자'를 하는 것이다. 사실 위에 정리한 4개의 투자 준칙이 확립되어 있다면 그다음 필요한 것은 '마음 관리'다. 갑자기 웬 도 닦는 이야기냐고 할 수도 있겠지만 사실 마음이 편안해야 투자도 길게 잘 된다. 거시경제와 산업 방향성을 잘 파악하고 투자할 기업을 잘 분석했다면 마음 편한 투자를 하게 될 것이고, 반대라면 매일매일 사서 걱정하는 투자를 하게 될 것이다.

주식에 투자하면 세계 정치, 경제를 비롯한 각종 이벤트에 관심이 생긴다. 각 사건에 대응하거나 순환고리를 예측해 대비하는 과정을 겪을 수밖에 없기 때문이다. 주식시장 자체가 흔들려 과도하게 하락했다가 급반등할 때는 본인 실력으로 수익이 난 것인지 아니면 시장이 회복하면서 자체적으로 올라 수익이 난 것인지 모른다. 그러다 섹터의 순환매가 시작되고 신규 테마가 발생하는 등 새

로운 변동성 요소가 추가되면 투자자의 고민이 시작된다. 정신 줄을 놓는 순간 따라가기 어려운 장이 시작되는 것이다.

코로나19 사태 이후 시장의 흐름을 예로 들면 쉽게 이해될 것이다. 2020년 3월, 1개월 동안 KOSPI 지수는 45% 하락했다. 시장 전체가 폭락하는 사이에 개별 주식들의 주가는 반토막이 됐다. 비정상적인 움직임은 곧 주가가 자연스럽게 반등하

> **순환매**
> 이번주는 A업종이 오르고, 다음 주는 B업종이 오르는 것처럼, 업종이 바뀌어 돌아가면서 시장 지수가 계속 올라가는 장세를 말한다.

> **펀더멘털**
> 사전적 정의는 '성장률, 물가 상승률, 실업률 등 나라의 경제 상태를 나타내는 거시경제의 지표'다. 개별 주식에 펀더멘털이라는 표현을 쓸 때는 기업의 실적, 주당순이익 성장률 등의 경영 지표를 가리킨다.

는 되돌림 현상으로 이어진다. 시간이 지나 어느 정도 정상적인 주가까지 올라왔다는 느낌이 드는 순간 사람들은 반등이 마무리된다고 생각한다. 그래서 이때부터는 기업의 펀더멘털(Fundamental)에 관심이 집중된다. 시장에 좋은 실적을 제공하고, 지속가능한 성장 스토리(테마)를 제공할 수 있는 산업의 대표주로 차츰 수급이 몰리는 것이다. 이 과정에서 주도주가 등장하게 된다. 2020년 주도주로 2차전지(LG화학, 삼성SDI, SK이노베이션), 플랫폼(카카오, 네이버), 반도체(삼성전자, SK하이닉스) 등이 등장한 것도 같은 이유다.

이처럼 시간이 갈수록 환경과 변화는 예상치 못한 곳으로 확산되기 때문에 투자의 난이도는 점점 더 높아지고 있다. 시장은 이렇

게 변화를 만들기도 하고 기존의 패턴을 반복하기도 하면서 생물처럼 움직인다. 따라서 주식 투자라는 경주에 참여하려면 본인만의 페이스를 만들어야 한다. 선수로서 본인의 성향과 체력을 파악하고 이것에 맞는 투자의 준칙을 만드는 것이 반드시 필요하다.

SUMMARY

- 주식시장은 계속 변화한다. 나의 투자 페이스를 지켜줄 투자 준칙을 세워야 한다.
- 1. 투자할 돈의 규모 – 여유 자금이어야 주식을 기다릴 수 있다.
- 2. 1종목당 투자 비중 – 본인이 견딜 수 있는 비중을 찾자.
- 3. 투자 기간 – 산업과 종목에 따라 다르게 접근하자.
- 4. 매수·매도의 이유 – 명확한 기준을 정해서 매매하자.
- 5. 마음이 편한 투자 – 마음이 편해야 길게 잘 투자할 수 있다.

03
유연한 사고가
성공 확률을 높인다

앞에서 주식 공부의 필요성을 알아보고 흔들리지 않는 투자를 위한 본인만의 투자 준칙을 정리해보았다. 이번에는 투자의 또 다른 영역인 '유연성'을 언급하고자 한다. 어떻게 보면 앞서 설명한 확고한 기준과 상반되는 내용일 수 있지만 매우 중요한 포인트다. 골프에 비유하자면 공을 더 멀리 보내기 위해서 힘을 빼는 것과 같다. 보는 사람에게는 아주 쉬워 보이지만 골프에서는 힘 빼는 게 가장 어렵다고 한다. 주식 투자도 마찬가지로 유연한 사고와 태도를 갖는 게 어렵다. 하지만 힘을 빼고 유연하게 대한다면 그 투자자는 상당히 높은 확률로 투자의 성공을 거두게 될 것이다.

앞서 필자는 작년까지만 해도 주식 방송이나 유튜브 채널을 많이 접하지 않았다고 했다. 「삼프로TV」 출연을 준비하면서 사전 답사 차원에서 기존 방송을 살펴봤는데, 그때 처음 댓글을 보고 크게 놀랐다. 많은 사람들이 하나같이 '명확한 하나의 답'을 정하려고 한다는 게 느껴졌기 때문이다. 댓글이야말로 대중의 정제되지 않은 생각의 표현이라는 점에서 충격이 컸다. 물론 펀드매니저도 투자를 할 때 '지금 이 순간, 이것이 답이다'라고 생각하는 것에 집중한다. 하지만 한 번 그랬다고 해서 이후로도 계속 같은 방법을 고수하지는 않는다. 상황과 시대는 항상 변하기 때문이다.

주식으로 수익을 내는 방법에는 정답이 없다. 본인만의 방법으로 수익을 낼 수도 있고 그저 행운으로 수익이 날 수도 있다. 동일한 논리로 투자했는데 저번에는 안 통했고 이번에는 통할 수도 있다. 항상 잘하던 펀드매니저가 특정 구간에서 부진할 수도 있고, 항상 부진하던 펀드매니저가 갑자기 탁월한 성과를 낼 수도 있다. 운용 스타일이 달라지지 않았음에도 말이다. 여기서 꼭 하고 싶은 말은 주식을 '맞고 틀리다'라는 이분법적인 사고방식으로 접근하지 말자는 것이다. '아! 이렇게 생각할 수도 있구나', '참신한 아이디어네', '논리적으로 더 옳은 말이다'처럼 다양한 생각으로 받아들이면 된다. 시장에 난무하는 수많은 주장을 객관적으로 생각해보고 나에게 필요한 좋은 내용을 취사선택하면 되는 것이다.

나의 취사선택과는 별개로 투자자의 50% 이상이 긍정적으로 생각하면 내 생각과는 다를지라도 주가는 상승할 수 있다. 반대로 나는 긍정적으로 생각하지만 투자자의 50% 이상이 부정적으로 판단하면 주가는 하락할 수도 있다. 바로 이런 이유 때문에 공부의 양을 늘려 올바른 판단의 기준을 만들어야 한다. 내용을 논리적으로 분석할 줄 알아야 좀 더 객관적으로 판단할 수 있고, 50% 이상의 확률로 성공하는 투자에 동참할 수 있다.

중요한 것은 내가 생각하는 것이 시장을 주도할 수 있는 논리와 명분을 가진 주장인지 아닌지를 검증하는 것이다. 이런 주장과 논리가 맞다면 다른 투자자들의 투자가 쏠리면서 '시세'라는 것이 형성될 것이고, 이는 성공하는 투자와 연결된다.

펀드매니저도 이런 과정을 항상 거치고 있다. 회사마다 다르지만 보통 펀드매니저의 일상은 오전 7~8시 사이에 시작되는 아침 회의에서 시작된다. 담당자가 시장과 기업에 대한 생각을 말하면 다른 매니저들도 의견을 주고받으면서 자연스럽게 정보가 공유된다. 섹터 담당자는 가장 최신의 정보를 가지고 산업과 기업 리포트를 작성하고 논리로 무장한 근거 자료를 가져와서 투자를 할 것인지, 하지 않을 것인지 의견을 제시한다. 회의에 참여한 다른 매니저들은 이에 동의하거나 반박하면서 함께 의사결정을 하게 된다.

이외에도 다수의 애널리스트(Analyst), 펀드매니저들과 의견을 교류한다. 애널리스트의 리포트를 공부하고, 세미나를 통해 심도 있게 학습하며, 그들이 분석한 내용에 대해 질의하거나 반박하면서

애널리스트

증권 회사나 금융기관 등에서 경제 시황이나 주식 종목을 분석하는 금융전문가다. 펀드매니저는 분석을 바탕으로 실제로 고객의 돈으로 펀드를 운용하며 수익률을 관리한다는 데에서 애널리스트와 차이점이 있다.

각자가 투자 의견을 수정한다. 이를 토대로 기업을 방문해서 직접 현황을 파악하고 최종적으로 의사결정을 내리게 된다.

하루종일 주식을 연구하는 것이 직업인 사람들이 왜 매일 이런 과정을 거치는 것일까? 내 생각이 '맞는지, 틀렸는지' 검증하고 싶은 것도 있지만, 혹시 모르는 것이 있는지, 그리고 잘못 생각한 부분이 있는지, 다른 의견은 어떤 것들이 있는지 등 다각도로 검토하기 위함이다.

이 과정에서 자신이 알지 못했던 내용을 발견해서 기존의 투자 의견에 심각한 오류를 발견할 수도 있다. 당시에는 제대로 판단했음에도 시황이나 수급 요인이 바뀌면서 지금은 더 이상 작동하지 않는 논리가 될 수도 있다. 이런 상황이 오면 펀드매니저는 기존 투자를 고수하기보다는, 기대수익률이 더 높은 쪽으로 빠르게 포지션을 바꾼다. 실력이 부족해서 생각 없이 포트폴리오를 바꾸는 것이라면 우왕좌왕하는 것으로 끝나겠지만, 논리적으로 대응하는 것이라면 이것이 바로 '전략'이며 '유연한 투자'가 된다.

언뜻 보면 간단해 보이지만 사실 개인투자자에게는 어려운 과정이다. 포트폴리오를 바꿀 때는 비용이 발생한다. 매매 비용은 당연히 내야 하고 주가가 떨어진 상태라면 손실을 만들어낼 수도 있다.

손실이 생긴다는 것을 알면서 기존 종목을 매도하고 새로운 종목을 매수하는 것은 생각보다 어려운 문제다. 아마도 투자한 종목이 마이너스일 경우, 플러스가 될 때까지 팔지 않고 기다리는 사람이 많을 것이다. 이때는 철저하게 '기대수익률'과 '기회비용'을 따져보며 판단을 내려야 한다.

예를 들어 A라는 기업이 있다고 가정해보자. A기업은 단순 가전 업체였지만, 전기차에 들어가는 각종 전장 부품의 경쟁력이 뛰어나 올해부터 수주를 받기 시작하면서 내년부터는 전장 부품에서 매출이 나올 거라는 기대를 받게 되었다. 단순 가전업체라면 주가수익비율(Price earning ratio, 이하 PER) 10배 정도로 평가 받겠지만 전장 부품주로 재평가 받는다면 PER은 15~20배 정도로 상향될 수 있다. 미래 기대감이 1차적으로 주가

> **주가수익비율(PER)**
> '주가÷1주당 순이익'을 계산한 값이다. 현재의 주가가 1주당 수익의 몇 배가 되는지 나타내는 지표다.

에 반영되는 과정인데 단순하게 말하면 주가가 50~100% 상승할 수 있다는 것이다.

문제는 기대감이 기대로 끝나지 않고 사실이 되는지 확인하려면 2분기(약 6개월) 뒤, 실적 발표까지 기다려야 한다는 것이다. 투자자들의 높은 기대감으로 급등했던 주식은 실적이 확인되지 않으면 슬금슬금 하락하게 된다. 만약 내가 뒤늦게 A주식을 샀다면 손실이 생긴다. 좋다고 해서 투자했는데 내 수익률은 마이너스라면 이 상

태로 실적이 확인될 때까지 몇 개월을 더 인내해야 한다.

그런데 바로 이때 B기업이 눈에 띈다. 과거의 A기업처럼 높은 실적을 달성하며 곧 주가가 오를 것 같은 가능성이 보이는 것이다. 이때 깊은 고민에 빠지게 된다. A기업의 실적이 확인되면 목표가는 50~100% 나오니까 손실을 회복할 때까지 6개월을 더 기다릴 것인가? 아니면 어차피 반등하는 데 시간이 걸리니까 손절하고 단기간에 주가가 오를 것 같은 B기업에 투자했다가 다시 돌아올 것인가?

기대수익률을 달성할 때까지 기다리든, 기회비용을 소모하지 않고 적극적인 투자를 하든 유연하게 사고하려고 노력해야 한다. 이 과정을 거치지도 않고 마이너스인 내 주식이 플러스가 된다고 믿는다면 그것은 그저 '짝사랑'으로 끝날 뿐이다.

SUMMARY

- 투자에 대한 '유연성'을 기르자. 투자의 승률을 높여줄 것이다.
- 이분법적인 사고를 하지 말자. 주식에는 '맞다, 틀리다'가 없다. 똑같은 논리가 지금 이 순간 시장에 통할 수도 있지만, 통하지 않을 수도 있다.
- 시장의 다양한 논리를 취사선택하자. 시장에 존재하는 다양한 의견 중에서 논리적으로 우위에 있는 내용이 시세를 결정한다.
- 유연한 대응에는 비용이 따른다. 그래도 '짝사랑'만큼은 하지 말자.

04
편안한
투자를 하자

투자할 때 마음이 편안하면 자연스럽게 페이스를 유지할 수 있어 투자도 생활도 즐거워진다. 하지만 투자를 근심하는 순간 더 이상 할 수 있는 게 없어도 주가의 움직임만 보게 된다. 다른 일은 일절 하지 못하고 시세판만 들여다보면 결국 몸과 마음이 모두 모니터 속으로 빨려 들어가는 상황을 겪게 될 것이다.

이럴 때 필자가 하는 말이 있다. "살까 말까 고민될 때는 사지 말고, 팔까 말까 고민될 때는 팔아라"다. 말장난 같지만 이 말처럼만 한다면 최소한 자신 없는 투자로 손실이 생기는 일은 없을 것이며, 조금 더 상승할 것 같은 미련 때문에 이미 확보한 수익을 챙기지 못하는 일은 발생하지 않을 것이다.

살까 말까 고민이 되는데 산다는 것은 사실상 분석이 덜 된 상태에서 투자하는 것이다. 판단의 기준을 명확하게 하지 못했기 때문에 살지 말지를 고민하는 것이다. 이때 손실이 발생하면 추가 매수를 하거나 주가 하락을 버틸 체력이 현저하게 떨어지게 된다. 처음부터 자신 없는 투자를 했기 때문에 후회되고, 또 그 후회가 공포를 가져오기 때문이다.

팔까 말까 고민될 때 팔았다면 주가가 더 오를 때는 아쉬움이 크겠지만 팔고 나면 곧 잊힐 것이다. 그런데 하락할 때는 오히려 기분이 좋을 것이다. 자연스럽게 스트레스가 줄어들고 정신은 맑아질 것이며 새로운 종목을 찾을 수 있게 될 것이다.

위의 내용은 투자의 몰입도 측면에서 중요하다. 즉, 조금 더 많은 비중을 투자하고 있는 곳에 더 많은 생각과 시간을 들이라는 말이다. 예를 들어 A, B, C라는 3개의 종목에 각각 50%, 45%, 5%의 비중으로 투자를 했다고 가정해보자. 그런데 이때 A와 B는 상승 추세를 유지하고 있는데, C가 지속적인 하락 추세를 보이거나 급락 추세에서 벗어나지 못한다고 하자. 이럴 경우 많은 사람들은 떨어지는 C를 점검하느라 대부분의 에너지를 쏟는다. 투자 비중이 압도적으로 높은 A와 B는 여전히 수익을 내는 중인데도 말이다. 이렇게 비중이 큰 2개 종목에 소홀해지다 보면 결국 전체 수익률도 영향을 받게 된다.

전체 포트폴리오에서 1%를 차지하는 종목이 100% 상승하면 그 주식의 기여도는 1%p다. 이 종목이 부도가 나서 당장 상장폐지를 당하더라도 포트폴리오 전체에서 −1%p만큼만 손해를 보는 것이다. 그런데 전체 포트폴리오에 30%를 차지하는 종목이 30% 상승하면, 포트폴리오 기여도는 +9%p가 된다. 반대로 30% 하락하면 −9%p가 되는 것이다. 편안한 투자를 위해서는 이런 개념을 확실하게 알아야 한다.

투자를 하는 주체가 사람인지라 언제든 공포와 탐욕, 이성과 감성에 휩쓸릴 수 있다. 물론 펀드매니저라고 해서 그렇지 않다는 것이 아니다. 반복적으로, 또 비자발적으로 제공되는 선택의 기로에 수없이 많이 서다 보니 개인투자자들보다는 보다 더 가볍게 의사결정을 할 뿐이다. 여러분들도 가볍게 움직이며 '편안한 투자'의 길을 걷는 투자자가 되기를 바란다.

SUMMARY

- 살까 말까 고민될 때는 사지 말아라. 팔까 말까 고민될 때는 팔아라.
- 투자에 대한 에너지와 시간을 효율적으로 분배해라.
- 단순한 개념을 체득하는 것만으로도 편안한 투자의 길을 갈 수 있다.

05
'주식하는 뇌'를
만들자

친구나 친척들과 이야기 나눌 때를 생각해보면 특정 현상에 대한 의견, 해석, 대응 방식이 모두 다르다는 것을 느낄 수 있다. 받은 교육과 생활 환경, 직업 전문성 등 다양한 이유 때문일 것이다. 앞서 유연성을 가지자고 주장한 것도 같은 이유에서 나온 것이다. 주식 투자를 할 때도 주식에 맞는 사고방식이나 접근법이 필요하다고 생각한다.

우선 머릿속에 큰 지도를 만들어보자. 주요국들의 역학관계, 각국의 경제 상황, 미국 연방준비제도(Federal Reserve System, 이하 Fed)를 중심으로 한 통화정책의 방향성, 환율의 방향성 등을 큰 그림으로 생각해보는 것이다. 구조가 잘 그려져 있다면 글로벌 이슈가 발생했을 때 즉각적으로 대응하기가 쉬워질 것이다. 물론 거시 경제를 이해하는 것은 하루아침에 이루어지지 않는다. 처음에는 하나씩 관심을 가지고, 점차 각각의 연결고리를 만들어보면서 서로 어떤 영향을 미치는지 생각해봐야 한다.

사실 주식 투자를 할 때 경제학자나 정책 입안자처럼 아주 상세하게 모든 것을 알 필요는 없다. 다만, 특정 이벤트가 발생할 때 '환율과 금리는 어떻게 변하고, 어떤 섹터가 반응을 하더라' 하는 간단한 구조만 일종의 답안지처럼 머릿속에 그려놓고 있으면 된다. 예를 들면 이런 식이다. 경기가 회복되니 장기 금리가 상승했다. 장기 금리가 상승하니까 은행의 순이자마진(Net interest margine, NIM)이 상승하며 실적이 개선될 것이다. 따라서 은행주가 상승할 것이다. 이런 상승 구조를 간단하게 그려놓고 있으면 크게 도움이 될 것이다.

경기 회복에 따른 상승 구조

| 경기 회복 | 장기 금리 상승 | 은행 순이자 마진 상승 | 은행 실적 개선 | 은행주 상승 |

순이자마진(NIM)
은행 등 금융기관의 수익력을 나타내는 지표다. 자산을 운용해 얻은 '이자 수익'에서 '자금 조달 비용'을 차감한 값을 운용자산 총액으로 나눈 값이다.

밸류체인
상품이나 서비스를 제공하기 위해 연결되는 업무군 또는 회사를 단계별로 나열한 것이다.

개인투자자가 더욱 직접적으로 효과를 볼 수 있는 것은 각 산업의 밸류체인(Value chain)을 이해하는 것이다. 원재료가 완성품이 되기까지 각 단계에는 대표 기업들이 존재한다. 이것을 도식화하면 기업들의 먹이사슬이 보인다. 기업별 생산 능력과 경쟁 강도 등 경쟁력을 알 수 있는 데이터를 파악하고 있으면 어떤 이벤트가 발생할 경우 즉시 해석해 매매할 수도 있다. 이것은 뒤에서 다시 자세하게 설명할 것이다.

이런 식으로 머릿속이 도식화되어 있다면 본인이 사용하는 홈트레이딩시스템(Home trading system, HTS)의 시세판을 이용해 정리해보자. 시간이 갈수록 안정적으로 투자할 수 있게 도와줄 것이다. 이 도식화 작업의 핵심은 머릿속에 있는 각종 그림을 나의 모니터에 띄워 항상 눈에 보일 수 있도록 세팅하는 것이다. 하루종일 움직이는 시세판을 조금 뒤로 떨어져 지켜보고 있으면 매일의 시장흐름이 느껴질 것이다.

예를 들면 '어제는 특정 이슈가 발생해서 A섹터가 강세를 보였지만 오늘은 악재가 발생해서 급락했다. 반대로 수혜를 받을 수 있는 B섹터는 급등했다'와 같이 흐름이 명확하게 보이는 것이다. 이런 노하우를 체득하면 시장의 흐름과 나의 투자가 같은 흐름을 타게 된다. 마치 교향악을 연주하는 지휘자처럼 시세판을 보면서 흐름에 맞게 매수, 매도 버튼을 누르는 투자자가 되기를 바란다.

사실 위에 정리한 내용은 이상적인 결과물을 표현한 것인데 대다수의 펀드매니저는 앞에서 설명한 것처럼 HTS를 깔끔하게 정리해두고 있다. 전용 단말기를 사용하면서 자기만의 방식으로 세팅을 해놓고 여러 화면을 통해 각종 시장 요인들을 실시간으로 관찰하며 매일매일 주식시장에 참여하고 있다. 물론 개인투자자들은 공간이나 시간적 한계 등으로 이렇게까지 하기 힘들 수 있다. 그래도 간단하게나마 정리를 해둔다면 짧은 시간 시장을 들여다봐도 큰 흐름을 놓치지는 않을 것이다.

그리고 일상생활에서도 끊임없이 '주식적 사고'를 위한 연습을 했으면 좋겠다. 예를 들어 섬나라로 해외여행을 가서 한국 자동차를 발견하면 "와! 한국차다!"라고 감탄하고 그치는 것이 아니라 '이 회사가 여기까지 침투를 했구나'하고 생각해보는 것이다. 더 나아가 '그래서 지역별 매출액의 증가가 어떻게 되지?'라고 생각을 넓혀봐야 한다.

코로나19로 외부 활동을 할 수 없어서 답답해하는 순간에도 '원격 시스템과 영상을 많이 사용하니까 서버와 디스플레이 등 각종 기반 시설과 도구들이 필요하겠다!'라고 생각해보는 것이다. 이런 식으로 사고하는 방법을 연습한다면 향후에 일어날 이벤트에 즉각

HTS 설정 화면(예시)

종목명	현재가	메모	대비	대비(%)
전기전자				
삼성전자	79,700		+300	+0.38
삼성전자우	72,500		+300	+0.42
SK하이닉스	355,800		-12,200	-3.32
LG이노텍	226,500		-1,000	-0.44
삼성전기	186,500		+4,500	+2.47
한미반도체	34,550		+250	+0.73
솔브레인홀딩스	36,850		+300	+0.82
SK하이닉스	120,000		+500	+0.42
증권				
한국금융지주	96,900		+1,700	+1.79
NH투자증권	12,450		+150	+1.22
미래에셋증권	9,180		+150	+1.66
메리츠증권	4,795		+145	+3.12
보험				
삼성화재	213,000		+3,500	+1.67
삼성생명	77,700		+2,100	+2.78
운수장비				
현대차	229,500		+3,500	+1.55
현대모비스	280,500		+4,000	+1.45
현대차2우B	110,500		+1,000	+0.91
한국항공우주	46,950		+650	+1.40
OMT모티브	67,700		+700	+1.04
철강				
고려아연	430,500		+4,000	+0.94
POSCO	347,000		+9,000	+2.66
현대제철	53,600		+2,000	+3.86
정유				
SK이노베이션	272,000			0.00
S-Oil	105,500		+3,500	+3.43
화학				
롯데케미칼	254,500		+1,500	+0.59
효성	108,000		+3,500	+3.35
기계				
현대건설기계	52,700		+1,100	+2.13
두산밥캣	14,450			0.00
두산밥캣	49,900		+1,300	+2.67
진성티이씨	12,500		-100	-0.79
디와이파워	16,100		+200	+1.26
와이지-원	9,310		+60	+0.65

종목명	현재가	메모	대비	대비(%)
대한항공	30,500		+200	+0.66
유통				
롯데쇼핑	110,500		+2,500	+2.31
이마트	155,000		+3,000	+1.97
신세계	274,000		+2,000	+0.74
롯데하이마트	34,000		+200	+0.59
현대그린푸드	10,150		+100	+1.00
음식료				
KT&G	83,300		+1,100	+1.34
사조산업	68,900		+7,200	+11.48
제약				
셀트리온	67,100		-400	-0.59
오스템임플란트	109,700		-100	-0.09
서비스				
NAVER	417,500		+2,000	+0.48
카카오	160,500			0.00
섬유의복				
휠라홀딩스	53,900		+900	+1.70
지주				
현대중공업지주	68,200		+1,600	+2.40
SK	276,500		+8,500	+3.15
한진칼	66,100		+3,900	+6.27
5G				
케이엠더블유	50,700		+100	+0.20
이노메트릭스	16,900		-250	-1.46
RFHIC	37,550		-600	-1.57
다산네트웍스	10,850			0.00
유비쿼스	24,950		-150	-0.61
이수페타시스	3,865		+15	+0.39
이노와이어리스	47,200			0.00
오이솔루션	40,000		-300	-0.74
코위버	8,940		+70	+0.79
우리넷	8,850		+90	+1.03
대덕	8,090		+50	+0.62
웨이브일렉트로	10,650		+500	+4.93
쏠리드	6,980		-80	-1.14
THQ	3,555		+5	+0.14
서진시스템	41,350		-500	-1.19
다이텍	7,230		+110	+1.54
에이치시티	17,550		+60	+0.35

종목명	현재가	메모	대비	대비(%)
삼성SDI	730,000		-6,000	-0.82
LG화학	847,000		+14,000	+1.68
POSCO케미칼	161,000		+2,500	+1.58
일진머티리얼즈	71,100		+100	+0.14
에코프로	47,750			
에코프로비엠	92,700		-2,300	-2.42
코스모신소재	30,450		-150	-0.49
두산	106,500		+6,000	+5.97
우리산업	23,300		+450	+1.97
신흥에스이씨	64,200		-700	-0.31
삼성SDI우	16,600		-200	-1.17
피엔티	23,650		-300	-1.25
대보마그네틱	33,900		-350	
원익피앤이	21,650		+250	+1.17
이노메트리	16,750		-100	-0.59
엠플러스	13,900		+100	+0.72
디바이스이엔지	5,980		+250	+4.55
한화	221,600		+4,100	+1.93
엔터테인				
와이지엔터테인	49,850		+450	+0.91
JYP Ent.	39,200		+550	+1.42
에스엠	62,700		+2,900	+4.85
미디어				
스튜디오드래곤	90,700		+800	+0.86
제이콘텐트리	45,500		+1,700	+3.88
380미디어홀딩	2,105		+30	+1.45
380콘텐츠허브	8,420		-100	-1.17
SBS	43,900		+300	+0.39
CJ ENM	179,500		-300	-0.17
IHQ	1,840		+15	+0.82
NEW	9,430		+140	+1.51
키이스트	11,500		+300	+2.03
CJ CGV	30,000		+100	+0.34
팬엔터테인먼트	6,360		+350	+5.82
메이스토리	23,850		+650	+2.58
삼화네트웍스	3,160		+75	+2.43
화장품				
아모레퍼시픽	240,500		+1,000	+0.42
아모레G	61,500		+700	+1.15
LG생활건강	700,000		+10,000	+0.50
코스맥스	138,000		-6,000	-4.55
한국콜마	55,200		+400	+1.47
연우	27,600		+50	-0.18

종목명	현재가	메모	대비	대비(%)
코스메카코리아	16,950		+450	+2.73
잉글우드랩	8,010		+220	+2.82
전자결제				
NHN한국사이버	57,800		-1,000	-1.70
NHN	80,200		+600	+0.75
KG이니시스	21,800		+950	+4.55
나이스정보통신	30,900		+300	+2.73
NICE평가정보	24,650		+300	+1.25
웹케시	35,000		-100	-0.29
다날	29,150		-50	-0.17
민앤지	20,900		-150	-0.71
핸드셋				
세경하이테크	22,500		+700	+3.21
비에이치	9,350		+490	+5.59
이녹스첨단소재	65,900		-400	-0.60
켐트로닉스	23,850		+600	+2.58
인탑스	54,600		+50	+0.92
아바텍	20,900		+200	+0.97
엠씨넥스	2,165		+40	+2.36
하이비젼시스템	47,950		+250	+0.52
덕우전자	8,730		+190	+2.22
필옵틱스	12,400		-150	-1.59
영우디에스피	2,900		+40	+1.41
인터플렉스	21,600		+100	+0.41
파트론	10,050		+100	+1.01
엠씨넥스	8,660		+100	+1.17
자화전자	20,450		-350	-1.68
엠씨넥스	10,800		+100	+0.93
와이솔	12,350		+50	+0.41
이미지	10,100		-600	-0.67
알에프텍	7,770		-70	-0.89
한솔테크닉스	8,770		+100	+1.15
비에이치	19,650		-150	-0.76
건강기능성				
종근당홀딩스	107,000		+500	+0.47
콜마비앤에이치	48,250		-100	-0.21
코스맥스엔비티	10,700		-250	-2.29
노바렉스	47,150		+800	+1.73
뉴트리	36,350		+400	+1.11
엔터				
하나투어	77,500		+1,800	+2.38
모두투어	24,650		+150	+0.61
BNL	16,450		+100	+0.61

적인 대응을 할 수 있을 뿐만아니라 의외로 손쉽게 수익을 얻을 수 있을 것이다. 주식 투자를 할 때도 상상의 나래를 펼치면 더욱 재미있게 접근할 수 있다.

　실제로 필자는 "그 선물(Present) 얼마야?"라는 질문을 들으면

"어느 선물(Futures)?"이라고 대답할 때가 있다. 일상생활과 주식 투자를 각기 다른 세계로 구분해놓지 않아서 생기는 작은 해프닝이다. 지난 블랙 프라이데이 때에는 멀티탭이 가장 빨리 팔린 제품군이라는 것을 알고는 혼자 너무 기뻐했다. IT 수요를 확신하던 내 생각을 검증받은 것처럼 느껴졌기 때문이다. 다음 날 매수 버튼을 누

일상 속에서 주식적 사고를 확장하는 방법

"코로나19 때문에 외부 활동을 할 수 없어 답답해."

"원격 시스템과 영상을 많이 사용하니까
서버와 디스플레이 등 각종 기반 시설과 도구들이 필요하겠다!"

"그럼 이 산업은 구조조정이 되었나?"

"몇 년간 사양산업이었으니 지금 살아남은 기업들은 다 수혜를 보겠네?"

"사양화된 산업이니까 밸류에이션은 엄청 싸졌을 것이고,
수급도 텅텅 비었으니(거래량도 없으니까) 누군가가 선뜻 추천할 수도 없겠다.
나는 미리 사놓으면 되겠네."

"주가가 빠지고 빠져서 이제 더 이상 안 빠지고 있으니
작은 호재가 발생해도 오르겠다!"

르고 싶어서 빨리 장이 열리는 아침 9시가 왔으면 하는 생각에 잠이 안 와서 밤을 새기도 했다.

이렇게 모든 사고가 주식 세계에 집중되어 있으면 주식에 미쳐 있다는 얘기를 듣기는 하겠지만, 결국 수익률은 이에 비례해서 좋아질 것이다. 그리고 투자자의 투자 생활 또한 지적 성취감과 투자 결실에 대한 희열로 즐거운 나날이 될 것이다.

SUMMARY

- 머릿속에 주식 지도를 그려놓자.
- 그려진 지도를 HTS에 표현하자.
- '주식하는 뇌'를 만들어 상상의 나래를 펼치면서 더 재미있게 투자하자.

06

주가는 '싸다', '비싸다'로
표현하지 않는다

초보투자자와 대화하다 보면 같은 단어지만 다른 의미로 사용하고 있는 단어가 있다. 바로 '싸다', '비싸다'는 표현이다. 일상생활 속에서도 물건값을 보고 '싸다'고 할 때가 있는데 주식에서 이 표현은 다른 의미로 쓰인다.

예를 들어 1주당 가격이 50만 원인 A주식이 있다고 생각해보자. 펀드매니저들이 "A주식 가격이 싸 보입니다" 라고 하면 초보투자자들은 "헉, 50만 원이나 하는데요? 너무 비싸요!" 라고 한다. 펀드매니저는 "현재 주가가 (적정 가치보다 저평가된 상태로 보여서 가격이) 저렴해보입니다" 라고 말한 것이고, 초보투자자는 "1주가 50만 원이면 (한 달 용돈인데) 너무 비싸요!" 라고 말한 것이다.

이와 비슷한 맥락에서 초보투자자들이 흔히 하는 실수가 있다. 투자금이 100만 원 있다고 가정해보자. 1주당 가격이 50만 원인 주식은 2주만 살 수 있고 1주당 1만 원인 주식은 100주를 살 수 있다. 초보투자자는 전자의 경우 2주만 사니까 너무 적게 산다고 생각한다. 하지만 둘 다 자본금 100만 원을 투자하는 것이다.

50만 원짜리 주식이 10% 올라서 110만 원이 되어도 수익률 10%고, 1만 원짜리 주식이 10% 올라서 110만 원이 되어도 수익률은 10%다. 똑같은 것이다. 그런데도 50만 원짜리는 비싸고 기대수익률이 낮다고 생각하는 사람이 많다. 이렇게 되면 대장주를 못 사게 되는 일이 생긴다.

국민 주식으로 불리는 삼성전자도 액면분할을 하기 전에는 1주당 가격이 265만 원에 달했고, 네이버, 카카오도 액면분할 전 가격이 각각 70만 원, 50만 원 선이었다. 1주당 가격을 매매의 기준으로 세우면 좋은 주식에 투자할 기회를 놓칠 수도 있다는 말이다.

액면분할
주식의 절대가격(액면가)을 일정 비율로 나눠서 총 주식 수를 증가시키는 것이다. 액면가는 낮아지면서 주식 수는 늘어나는 효과가 있어 신규 투자자들이 대거 유입하면서 거래량이 증가하게 된다.

따라서 주식의 가격을 평가하거나 기대수익률을 말할 때는 일상 용어와는 다르게 표현해야 한다. 예를 들어 2차전지 소재 업체 중에 순이익이 1000억 원, 시가총액이 1조 원인 기업이 있다고 하자. 그러면 단순하게 펀드매니저들은 시가총액을 순이익으로 나눠서 'PER이 10배다'라고 말한다. 2차전지 소재 업체들의 평균 PER 값은 20~30배이므로 해당 기업이 싸다는 뜻이다. 주식 투자를 할 때 '싸다', '비싸다'라는 표현은 이렇게 적정 가격과 현재 가격을 비교하는 가치의 측면에서 사용해야 한다.

SUMMARY

- 주가가 싸다는 것은 현재 가격이 적정 가격보다 싸다는 의미다.
- 주식의 가격은 가치를 나타내는 밸류에이션으로 표현하자.
- 주식의 가치는 원금 대비 수익률로 판단하자. 표면적인 가격에 현혹되면 대장주를 살 수 없다.
- 시가총액을 기준으로 얘기하는 습관을 들이자.

07

1분만 더
생각하자

아직도 생생하게 기억하는 일화가 하나 있다. 수년 전에 같이 일했던 어떤 직원이 급하게 달려와서 "본부장님, 큰일 났습니다. 우리가 어제 산 A주식이 무려 5000억을 유상증자할 수도 있다고 합니다. 빨리 전량 매도해야 할 것 같습니다" 라고 말했다. 이 매니저는 분명히 전날 아침에 이 기업의 인뎁스(In-depth) 리포트를 발표하고 강력 매수를 추천했다. 본인의 펀드는 물론이고 타 매니저들도 동반 매수할

> **유상증자**
>
> 기업이 주식을 추가로 발행해 자본금을 늘리는 것을 '증자'라고 한다. 새로 발행된 주식을 돈을 내고 사면 '유상증자', 주주들에게 공짜로 나눠주면 '무상증자'라고 한다.

수 있는 토대를 만들어준 장본인이 었다. 그런데 다음 날 아침 큰일 났으니 다 팔아야 한다는 것이었다.

물론, 유상증자는 악재가 분명하다. 기업의 순이익은 그대로인데 주식 개수가 늘어나기 때문에 주당순이익(Earning per share 이하 EPS)이 희석된다. 당연히 주가는 희석되는 비율대로 일단 하락한다. 유상증자의 용도에 따라서 악재냐 호재냐에 대한 평가가 덧붙여지지만 아무리 좋은 유상증자라도 대부분 주가 하락으로 시작한다.

인뎁스 리포트
보통의 산업 리포트는 분기별 실적, 각 사업부의 현황 등을 업데이트하는 형태지만, 인뎁스 리포트는 회사의 연혁부터 시작해 전 과정을 모두 작성한다. 간단한 탐방 리포트가 2~3장이라면 인뎁스 리포트는 10~15장, 많으면 20장이 넘을 수도 있다.

주당순이익(EPS)
일정 기간에 기업이 벌어들인 순이익(당기순이익)을 주식 개수로 나눈 값이다. 1주당 순이익을 나타내는 값으로 '수익성'을 알아보는 데 유용한 지표다.

다시 이전의 상황으로 돌아가보자. A주식은 시가총액이 약 8500억 원이었으며 대기업 내에서도 핵심 소재를 담당하는 주요 계열사였다. 그룹 총수의 지분도 상당히 높았다. 물론 본업의 방향성 역시 매우 좋았으며, 잉여현금흐름(Free cash flow) 역시 양호해서 신규설비 투자를 위해 대규모로 자금을 조달할 이유도 없었다. 유상증자로 주가에 악영향을 주면서까지 자본금을 조달할 이유는 더욱 없어 보였다.

일단 시가총액 8500억인 회사가 5000억이나 유상증가한다는 게 상식적이지 않았고, 또 이렇게 되면 오너의 지분율은 확 떨어지기 때문에 더더욱 말이 되지 않는다고 생각했다. 차분하게 생각하고 그 직원한테 질문했다. "혹시 이슈를 잘못 해석한 건 아닐까? 내 생각에는 유상증자보다는 오너나 특수 관계인의 지분을 일부 매각하는데 그게 5000억 원이라는 가치로 거래되었다는 이야기 같아. 오히려 주식시장보다 기업인수합병(M&A) 가치가 더 높게 평가됐다는 내용이 아닐까?" 라고 말이다. 그러자 매니저는 흥분을 가라앉히면서 조금 더 조사해보겠다고 했다. 결과적으로 유상증자는 없었다. 대주주의 소수 지분이 글로벌 업체에 소량 매각되면서 오히려 주가는 급등했다.

정리하고 보니 웃음만 나오는 상황이지만 사실 시장에 몰입되면 펀드매니저일지라도 다급해질 수밖에 없다. 그래서 손실을 막기 위한 과격한 액션을 먼저 하게 되는 경우가 발생한다. 어떤 사건이 터지면 대다수는 '큰일났다. 우선 팔고 보자'며 매도 버튼을 누르려고 한다. 그런데 이때 더도 말고 덜도 말고 딱 1분만 차분히 생각해보면 금방 이상하다는 것을 알 수 있다. 그동안 기업을 제대로 공부했다면 무엇인가 이상하다고 생각되는 부분만 새롭게 확인하고 나서 결정을 내리면 된다.

'시장은 언제나 옳다'라는 증시 격언이 있다. 주식시장에는 무슨 일이든 생길 수 있지만 그렇다고 시장이 비합리적으로 움직이지는 않는다. 따라서 급한 상황이 발생하고, 주가가 급변하더라도 1분만 차분하게 생각을 했으면 한다. 그것이 습관이 되면 더 좋은 결과를 가져다줄 것이다.

SUMMARY

- 1분만 생각하자. 아무리 급해도 1분만 생각하자.
- '시장은 항상 옳다'라고 하지만, 그렇다고 비합리적이진 않다.

08
정보의 홍수,
가리고 또 가리자

'정보의 홍수'는 IT 기기가 발달하면서부터 생겨서 꽤 오래전부터 들어온 단어다. 그만큼 오랜 기간 정보가 축적되었고 시간이 가면 갈수록 많은 정보가 범람하고 있다. 그리고 이제는 가짜뉴스와 전쟁을 치르는 상황에 이르게 되었다. 바로 앞에서 설명한 '1분만 생각하자' 역시 정보의 홍수 때문에 나온 말이다. 차분하게 생각할 시간과 마음의 여유를 가질 수 없는 환경에 쉽게 노출되기 때문이다.

펀드매니저에게는 애널리스트의 리포트, 글로벌 정책 및 거시경제 뉴스, 산업 뉴스, 기업 개별 이슈 등이 다양한 형태로 전달된다. 하루에도 수백 건 넘게 전달받는데 매매도 하고, 기업 탐방도

다니며 바쁘다 보니 사실 다 볼 수 없다. 읽고 공부해야 하는 자료와 내용이 너무 많다 보니 한 가지 이슈에 대한 2~3개 정도의 리포트를 읽고 나면 나머지는 자연스럽게 안 보게 된다. 안 본다는 것보다는 못 보게 된다. 그럼에도 새로운 이슈들은 계속 발생하고 이것들이 모여 최신 분석 리포트로 만들어져 나온다. 이것이 전달되어 새로 쌓이는데 섹터는 수십 개고, 읽는 펀드매니저는 1명이다. 결국 유입되는 양이 월등히 많아서 다 읽지 못하고 책상과 이메일 사서함에 축적된다.

그런데 문제는 시간이 계속해서 지나가고 있다는 것이다. 필자가 신입 매니저들이 출력물로 신문을 읽는 것을 보면 꼭 하는 말이 있다. "너는 신(新)문을 읽는 것이 아니라 구(舊)문을 읽는 거야!" 시간이 지나면 이미 주가에 반영된 각종 이슈들은 과거가 된다는 걸 다시 한번 상기시켜주기 위해서 하는 말이다.

투자자인 우리는 미래를 준비해야 하기 때문에 아무리 강한 다짐으로 그 자료를 꼭 읽겠다고 마음을 먹더라도 결국 보지 못하게 된다. 그래서 '내가 접하게 되는 모든 뉴스를 다 읽을 것인가?'라는 질문을 먼저 생각해봐야 한다. 그런데 이것은 불가능하니까 밀려드는 모든 정보를 가리고 가려서 꼭 나에게 필요한 것만 취사선택해야 한다. 앞에서 각종 의견을 잘 들어보고 논리적으로 도움이 되는 내용만 취사선택해야 한다고 말했던 것과 비슷한 내용이기는 하지만, 약간은 다른 방법론을 말하고자 한다.

처음에 정보를 가릴 때는 어쩔 수 없이 막노동이 필요하다. 왜냐하면 무엇인가를 가려내려면 결국 그게 무엇을 뜻하는지를 알아야 하기 때문이다. 따라서 처음에는 다 읽어봐야 한다. 그런데 읽다 보면 크게 3가지 유형으로 내용이 나뉜다는 것을 느끼게 될 것이다. 이것을 빨리 깨우치고 나름의 방식으로 유형을 나눈다면 주식 투자를 할 때 필요한 '적시성'이라는 역량을 조금 더 강화할 수 있을 것이다.

3가지 주식 정보 유형:
인사이트형, 데이터형, 네트워크형

첫째는 인사이트(Insight)형이다. 말 그대로 통찰력을 가지고 전체적인 시장의 흐름을 파악하여 전략을 확립하는 데 도움을 준다. 가장 큰 그림을 그려주고 시장에 대응하는 전략을 제시하는 유형이므로 대응의 방향성을 확립하는 데 참고하면 좋다. 다만, 전체적인 방향성을 잡아주는 형태이므로 주가에 반영되는 적시성의 측면에서는 시차가 발생할 수 있다. 주로 이코노미스트(Economist)와 스트레지스트(Strategist)의 의견을 참고하면 된다. 섹터 애널리스트(Sector analyst)도 같은 유형에 포함된다.

둘째는 데이터(Data)형이다. 말 그대로 구할 수 있는 다양한 데이터를 분석해서 추세, 즉 방향성을 예상할 수 있게 도와준다. 정확한 수치를 제공하기 때문에 근거와 신뢰성은 가장 명확할 것이다. 뒤에서도 계속 언급할 내용이지만 수치는 장기 시계열로 분석할수록 의미를 찾아내기 쉬워지고, 이를 바탕으로 미래를 예측하기에 신뢰성이 확보된다. 데이터는 피크아웃(Peak out)과 보텀아웃(Bottom out)의 시점을 파악할 수 있게 도와주기에 매수와 매도 타이밍을 잡는 데 결정적인 역할을 할 것이다. 필자가 제공하는 정보는 여기에 해당한다. 각종 데이터

> **이코노미스트, 스트레지스트, 섹터 애널리스트**
> 모두 금융전문가이지만 주력으로 하는 분야가 달라서 명칭을 달리한다. 경제를 분석하는 사람은 이코노미스트, 투자 전략을 세우는 사람은 스트레지스트, 산업 분야별 전문 애널리스트를 섹터 애널리스트라고 부른다.

> **피크아웃과 보텀아웃**
> 차트에서 주가가 오르고 내리는 모양을 생각하면 이해하기 쉽다. 피크아웃은 주가가 상승하다가 신고점을 만들고 꺾여 내려오는 것, 보텀아웃은 주가가 계속해서 하락하다가 더 이상 떨어지지 않고 반등이 시작되는 것을 의미한다.

와 도표를 해석하고 미래를 예상하는 과정을 책에 담기 위해 노력했다.

예를 들면 이런 것이다. 소프트뱅크가 이동통신 사업을 하면서 위성통신, 자율주행 등에 대한 각종 투자를 단행하고 있다. 지구상의 육지, 특히나 대도시의 경우에는 이동통신망이 잘 설치되어 있어서 통신의 자유를 가질 수 있다. 그런데 비도심, 오지, 바다, 하늘 등에서는 사실상 통신이 어렵다. 위성통신을 이용하더라도 3G 정

도의 속도이므로 편의성과 효율성이 떨어진다. 그래서 다수의 글로벌 기업과 마찬가지로 소프트뱅크 역시 저궤도 위성 사업에 적극적으로 투자를 하고 있다. 단순히 생각하면 이렇다.

그런데 실제로 소프트뱅크는 단순히 이동통신을 위해 투자한 것이 아니다. 지구상의 전 지역을 수용할 수 있는 통신망을 갖추고 있어야 자동차, 비행기, 배 등의 이동 수단이 자율주행을 할 수 있기에 이에 대해 선제적으로 투자를 하는 것이다. 따라서 이것은 단순히 이동통신 사업이 아니라 인공위성 사업이자 자율주행 사업이 되는 것이다. 이렇게 새롭고 거대한 흐름을 가진 사업에 참여하는 기업들을 파악하고 각 기업들의 진영과 전략을 비교하여 기술적인 승자와 주도주, 대장주를 파악해 내는 통찰력을 제공하는 것이 데이터형 정보들의 역할이다.

셋째는 네트워크(Network)형이다. 결국 정보력이라고도 할 수 있는데 자칫 잘못하면 정보만 믿고 사는 '정보 매매'가 되거나 '~라더라'는 썰로 끝날 수 있는 위험한 유형이다. 사실 그 정보가 맞다면 단기 수익률은 가장 압도적일 것이다. 이런 유형은 본인의 출신이 좋거나, 주변 인맥관리를 잘 했거나, 운 좋게 이벤트의 중심에 있었을 수도 있다.

이해하기 쉽게 가상의 예를 들어보겠다. LG화학 출신의 연구원이 SK이노베이션으로 이직을 했다가 삼성증권의 2차전지 담당 애널리스트로 이직을 했다고 가정해보자. 이럴 경우 이 애널리스트는 자연스럽게 배터리 3사와 관련된 인맥이 강화될 것이다. 네트워크형은 이렇게 산업의 핵심 네트워크가 있는 전문가가 가진 정보력을 의미한다. 다만, 이런 유형의 정보를 획득했을 때에도 근거를 가지고 취사선택을 잘 해서 유용한 정보를 파악을 할 수 있어야 한다.

분석의 기본은
정보를 선별할 줄 아는 밝은 눈

주식 열풍이 불면서 엄청난 양의 콘텐츠가 쏟아져 나오고 있다. 따라서 개인투자자로서 주식 공부를 위해 이런저런 영상자료와 뉴스, 블로그 등을 무분별하게 마구 보는 것은 지양하고, 가급적 한 번은 보되 앞의 기준대로 분류한 후 엄선해서 꾸준히 구독하기를 추천한다. 정보를 선별하는 것도 중요하지만 정보를 연결해서 꾸준히 업데이트 해야 얻어진 정보의 질과 해석 능력이 향상된다.

특히 요즘은 유튜브 채널이나 주식 방송에 나오는 사람이고, 멋진 글을 쓴 블로거라고 해서 무조건 맹신해서는 안 된다. 필자도 다양한 글을 SNS로 전달받는데 시장이 빠질 때면 꼭 비관론자의 매우 잘 정리된 글을 전달받는다. 글을 쓴 사람이 누구냐고 물어보면 반은 '그냥 받은 글이에요'라고 답한다. 물론 내용을 보면 잘 썼다고 생각될 때가 많다. 하지만 그냥 받은 글이라면 글을 쓴 사람이 누군지, 어떤 배경을 가지고 있는지, 왜 썼는지, 어떤 의도를 담았는지 등을 한 번 생각해봐야 한다. 즉, 가짜뉴스를 항상 경계하자는 말이다.

SUMMARY

- 우리는 '정보의 홍수' 속에 살고 있다. 가려서 보고, 가려서 듣고, 가려서 취하자.
- 정보의 유형을 나누자. 인사이트형, 데이터형, 네트워크형으로 분류하고 꾸준히 구독하자.
- TV에 나온다고 반드시 전문가는 아니다. 질적으로 판단하고 항상 경계하자.

09

주식은
혼자만의 외로운 싸움이다

펀드매니저는 자산운용사를 중심으로 자금을 운용하는 기관, 공제회, 금융기관 등에서 근무한다. 금융기관이라는 공통된 조직의 틀속에서 운용본부라는 전문화된 본부나 팀을 구성하고 여기에 소속된 조직원으로서 맡은 업무를 수행하게 된다. 조직적으로 움직이기 때문에 혼자서 일하는 것이 아니다. 그럼에도 펀드매니저는 정신적으로 매우 외로운 직업이다.

여의도에는 전업투자를 위해 개인 사무실을 차려서 소위 말하는 '개투', '매미(펀드매니저 출신의 개미)'가 되는 전문투자자들이 있다. 펀드매니저는 법적인 문제로 상장 주식을 개인적으로 매매하는 것이 사실상 불가능하다. 그러다 보니 시장의 사이클이 오면 회사를 그만두고 전업투자의 길로 전향하는 펀드매니저가 많이 생긴다. 새벽부터 출근해서 잠들기 전까지 빡빡하게 굴러가는 삶, 직업 특성상 머릿속에서 펀드 운용을 지울 수 없는 괴로움에서 벗어나 자유를 찾고 싶어서 나가는 경우도 있다.

그런데 개인적으로 투자하기 위해 나간 사람들이 삼삼오오 한 사무실에 모여서 투자를 하는 경우가 많다. 단순히 투자를 같이 한다는 것이 아니라 운용사에서 일할 때처럼 섹터를 분장하고 아침 회의도 하면서 조직력을 갖추려고 노력한다. 어찌 보면 약간 역설적인 일이다. 물론 다수의 브레인이 모여서 아이디어를 공유하면 시너지가 발생하는 게 당연하다. 그런데 그런 장점 때문이라기보다는 혼자가 아니라는 위안을 얻고 싶은 게 그들이 모여 있는 더 큰 이유가 아닐까 생각한다.

위에서 펀드매니저는 외로운 직업이라고 적었다. 아무리 조직적으로 함께 운용하고 공부하고 고민을 나눠도 결과에 대한 책임은 항상 담당 펀드매니저 한 사람이 지게 된다. 그것도 실시간으로 나오는 수익률이라는 수치로 말이다.

아마 개인투자자도 마찬가지일 것이다. 아무리 공부와 종목 토론을 많이 해도 결국 마지막에 매수·매도 버튼을 누르는 것은 투자자 자신이다. 그리고 그 순간에는 아무도 도와주지 않는다. 왜냐하면 내 돈이 아니기에 주변인들의 도움은 매수·매도를 누르기 직전까지다. 그래서 투자는 항상 외로운 게임이다. 그렇다 보니 이 게임에 참여하는 사람들 역시 외로울 수밖에 없다. 따라서 항상 멘탈 관리, 체력 관리를 잘 해야 한다.

SUMMARY

- 펀드매니저란 외로운 싸움을 하는 직업이다.
- 주식 투자가 외로운 게임이기 때문이다.
- 멘탈, 체력 관리를 항상 잘해야 한다.

10
투자의 루틴이
투자의 동력이 된다

요즘 주식처럼 입문자가 많아진 것이 바로 골프다. 골프를 배우다 보면 "본인만의 루틴(Routine)을 만들어라"라는 말을 접하게 된다. 루틴은 티박스(Tee box)에 서서 샷을 준비하는 과정에서 이루어지는 개개인만의 습관적인 패턴들을 가리킨다. 사람들마다 준비하는 방식은 모두 다르지만 목적은 모두 같다. 공을 잘 치기 위한 준비 동작인 것이다.

주식도 마찬가지다. 1주라도 주식을 사려면 사전 준비가 되어 있어야 한다. 티박스에서 샷을 준비하는 것처럼 매일매일 주식 시장을 보는 '루틴'을 만들자는 것이다.

필자도 혼자만의 루틴이 있다. 지금까지 약 17년간 펀드매니저라는 직업으로만 살다 보니 이제는 하고 싶지 않아도 몸에 배어있다. 정리해보면 아래와 같다. 길게 적었지만 같은 일정을 반복하는 것이라 누구나 지킬 수 있는 내용들이다.

이 중에서 무슨 일이 있어도 반드시 지키는 일이 있다. 바로 아침에 출근해서 시장 지표를 정리하는 것과 장 종료 후 200개 종목의 차트와 수급을 확인하는 것이다. 실제로 이제는 이것을 안 하면 다음 날이 불안해진다. 아무리 수익률이 좋은 구간이라고 해도 안 하면 다음 날 불안해지고, 수익률이 안 좋은 구간이라고 해도 이것을 하면 다음 날 용기가 생긴다.

이한영의 주식 투자 루틴 (예시)

시간	하는 일
오전 5시	기상 - 침대에 누워 핸드폰으로 미국 시장 등 간단한 뉴스 챙겨보기
오전 7시	회사 도착해서 시장 지표 정리 - 전날 표시해둔 종목의 증권사 리포트 확인
오전 8시	아침 회의
오전 9시	매매 시작
오전 10시	세미나, 기업 탐방, 컨퍼런스콜 시작
오후 4시	장 종료 후 현황 파악 및 관심 종목 정리 - KOSPI 시가총액 1~100위, KOSDAQ 1~100위, 수급 확인 이후 세미나, 기업 탐방, 컨퍼런스콜 진행
오후 11시	퇴근 후 미국 시장 개시 보기

다음 그림은 '네이버 금융' 국내증시 탭에서 KOSPI 시가총액을 클릭한 화면이다. 누구나 쉽게 접할 수 있는 자료이고 오랜 시간이 걸리는 작업도 아니므로 여러분도 시가총액 상위 종목의 차트와 수급을 확인해보는 습관을 들여보면 좋겠다.

그런데 어느 직장이나 그렇듯이 직급이 올라가게 되면 대외 활동과 관리라는 업무가 추가된다. 필자 역시 마찬가지다. 즉 주업무에 집중할 수 있는 시간이 비자발적으로 줄어들게 된다. 하루 이틀도 아니고 매일 업무에 시달리다 보면 사람인지라 조금은 게을러지고 싶어지는 때가 있다. 그런데 게을러지면 꼭 티가 난다. 얼마 지나지 않아 주식 수익률로 완전히 드러나는 것이다. 주식 투자는 그만큼 부지런히, 끊임없이 노력하고 열정을 불태워야 한다.

KOSPI 시가총액

N	종목명	현재가	전일비	등락률	액면가	시가총액	상장주식수	외국인비율	거래량	PER	ROE
1	삼성전자	74,400	▼ 2,600	-3.38%	100	4,441,518	5,969,783	52.65	60,795,942	17.86	9.99
2	SK하이닉스	101,500	▲ 1,000	+1.00%	5,000	738,922	728,002	46.04	11,283,673	14.50	9.53
3	NAVER	436,500	▼ 4,000	-0.91%	100	717,010	164,263	56.74	479,201	4.45	15.22
4	삼성바이오로직스	983,000	▲ 11,000	+1.13%	2,500	650,402	66,165	10.47	144,949	245.14	N/A
5	카카오	146,000	▼ 1,500	-1.02%	100	649,272	444,707	31.63	2,142,050	212.52	2.70
6	LG화학	896,000	▲ 18,000	+2.05%	5,000	632,507	70,592	47.69	397,356	39.00	2.93
7	삼성전자우	69,600	▼ 2,200	-3.06%	100	572,729	822,887	75.75	5,418,047	16.71	N/A
8	삼성SDI	817,000	0	0.00%	5,000	561,806	68,765	44.31	328,128	80.03	4.54
9	현대차	217,000	▼ 2,000	-0.91%	5,000	463,660	213,668	28.67	859,831	26.26	2.04
10	셀트리온	275,500	▼ 6,000	-2.13%	1,000	379,960	137,917	20.75	778,049	63.20	16.68
11	카카오뱅크	76,600	▲ 2,800	+3.79%	5,000	363,927	475,100	4.69	10,830,529	247.90	5.08
12	기아	85,200	▼ 1,400	-1.62%	5,000	345,370	405,363	33.64	1,452,267	15.30	5.05
13	POSCO	341,000	▲ 3,000	+0.89%	5,000	297,307	87,187	54.19	339,054	13.32	3.61
14	현대모비스	268,500	▼ 2,000	-0.74%	5,000	254,519	94,793	35.64	231,531	14.33	4.66
15	삼성물산	134,000	▼ 1,000	-0.74%	100	250,429	186,887	15.16	472,441	15.96	3.81
16	LG전자	150,500	▼ 2,500	-1.63%	5,000	246,290	163,648	31.75	912,273	14.02	13.23

출처: 네이버 금융

그렇지만 이것이 열정과 의지만으로 되는 것은 아니다. 결국 본인의 성향에 맞게 쉽고 편하게 할 수 있는 자기만의 생활 루틴을 만들어 놓는게 핵심이다. 그러면 아무리 힘들고 어려운 상황이 오더라도 투자를 길게 이어갈 수 있다.

프로 골퍼들이 경기하는 장면을 떠올려보자. 티박스에 서서 연습 스윙을 하고 손, 손가락, 허리, 발 등 필요한 모든 부분을 조금씩 움직여서 자기만의 준비 자세를 만들어낸다. 그렇게 영점을 조정하고 한 번에 스윙해서 결과물을 만드는 것이다. 우리도 주식 투자를 할 때 자기만의 생활 방식, 데이터 수집 패턴 등을 만들어 놓아야 한다. 기본기를 발휘할 수 있는 동력을 만들어 놓는다면 한 번의 투자 결정이 시원한 수익률을 만들어줄 것이다.

SUMMARY

- 자기만의 루틴을 만들자.
- 생활하면서, 또 투자를 결정하면서 매일 반복적으로 하는 일을 패턴으로 만들어 우리의 투자 생활을 연마시키자.

제2부

시대의
1등주를 찾아라

주 식 시 장 판 단 하 기 : 톱 다 운 접 근

앞에서는 필자가 지금까지 주식시장에 참여하면서 배우고, 경험하고, 깨우치고, 또 아직도 고민하고 있는 많은 주제 중에서 투자에 도움이 될 만한 사항들만 추려서 한번은 생각을 해보자는 취지에서 정리했다. 어찌 보면 당연한 이야기이지만, 생각을 해보는 것과 안 해보는 것에는 차이가 있다. 특히 투자는 장기간의 여정이기 때문에 큰 차이를 가져다줄 것이라 생각한다.

마음을 다진 후 본격적으로 투자에 나서려고 하면 무엇부터 해야 할까? 바로 '전략 설정'이다. 개인투자자가 종목을 몇 개나 산다고 전략까지 세우냐고 반문할 수도 있겠지만 어떤 일이든지 전략이 좋으면 대응력도 좋아지고 승률도 높아진다. 내가 뛰어들어야 하는 전투가 있다면 전체적인 그림을 그려놓고 투자 전략의 기준을 세우자는 것이다.

앞으로 전개할 내용은 필자가 실제로 설명회와 방송을 통해서 전달하고 있는 내용이다. 하나씩 예를 들면서 주식 투자에 대한 접근 방식을 공유하고자 한다. 자연스럽게 시장 전망도 담기게 되겠지만 물론 이것만이 정답은 아니다. 하지만 자산운용사의 본부장으로서 직을 걸고 하는 업무 방법들을 공유하는 것이므로 여러분에게도 도움이 되었으면 한다.

11

주식 투자,
단순하게 생각하자

주가는 단순하게 식으로 나타내면 '주가 = 주당순이익(EPS) × 주가
수익비율(PER)'이다. 실적을 결정하는 요인과 밸류에이션을 결정하
는 요인이 결합한 값이므로 모든 사고를 할 때 이 두 가지 요인을 항
상 염두에 두어야 한다.

먼저 EPS를 살펴보자. EPS를 결정하는 중요한 요인으로는 제품
단가(Price), 생산량(Quantity), 원가(Cost), 발행주식 수(또는 추가
발행될 주식 수) 등이 뽑힌다. 기업을 볼 때뿐만이 아니라 시장 데이
터를 살펴볼 때에도 항상 관심을 가져야 하는 것들이다. 이 요소들
에게 영향을 끼칠 만한 환경이 어떤 상황인지, 어떤 변화를 보이는

지 집중해서 살펴보면 향후 개별 주식을 공부할 때도 큰 도움이 될 것이다.

다음은 밸류에이션이다. 밸류에이션을 계산할 때는 배당 수익의 성장률을 활용하기도 하고 동일 산업 내 기업들(Peer group)과 비교하는 방식을 적용하기도 한다. 쉽게 말해 배당금이 조금씩 늘어가는 기업은

배당 수익
삼성전자, 애플, 스타벅스 같은 회사는 이익금의 일부를 주주에게 나누어준다. 주주친화적인 정책으로 배당금을 인상하는 경우에는 투자자의 배당 수익이 늘어난다.

미래 성과가 좋을 거라고 평가하거나 동종업계의 경쟁 기업에 비해 저평가되었다고 생각하는 것이다.

밸류에이션은 말 그대로 '평가'이므로 평가하는 사람의 마음대로 그 가치가 바뀔 수 있지만, 그래도 근거가 있는 주관적인 잣대가 있기 때문에 준용하는 것이다. 그래서 모두가 확고하게 동의하

주가를 구성하는 요소

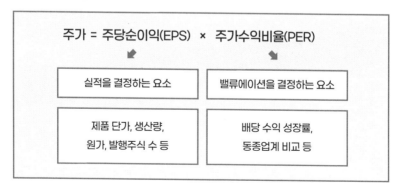

주가 = 주당순이익(EPS) × 주가수익비율(PER)	
실적을 결정하는 요소	밸류에이션을 결정하는 요소
제품 단가, 생산량, 원가, 발행주식 수 등	배당 수익 성장률, 동종업계 비교 등

면 밸류에이션은 무한정 높아질 수도 있고, 재평가를 받을 수도 있으며, 완전히 처참하게 무시당할 수도 있다. 따라서 재평가, 변곡점 등을 항상 염두에 두고 관찰해야 한다. 그러면 다른 투자자들이 생각하지 못한 빠른 시점, 그러니까 낮은 밸류에이션일 때 투자할 수 있고 높은 수익률을 확보한 뒤 모두가 열광할 때 미련 없이 매도할 수도 있는 것이다.

아래는 '네이버 금융'에서 검색한 S기업 밸류에이션이다(기업명 검색 – 종목분석 – 투자지표 클릭). 이런 단순한 요소는 이처럼 포털사

S기업의 밸류에이션

항목	2016/12 (IFRS연결)	2017/12 (IFRS연결)	2018/12 (IFRS연결)	2019/12 (IFRS연결)	2020/12 (IFRS연결)	전년대비 (YoY)
EPS	2,735	5,421	6,024	3,166	3,841	21
BPS	26,636	30,427	35,342	37,528	39,406	5
CPS	5,782	8,151	9,200	6,681	9,611	44
SPS	24,632	31,414	33,458	33,919	34,862	3
PER	13.18	9.40	6.42	17.63	21.09	19.65
PBR	1.35	1.67	1.09	1.49	2.06	38.24
PCR	6.23	6.25	4.21	8.35	8.43	0.91
PSR	1.46	1.62	1.16	1.65	2.32	41.23
EV/EBITDA	4.20	4.00	2.00	4.88	6.63	35.76
DPS	570	850	1,416	1,416	2,994	111
현금배당수익률	1.58	1.67	3.66	2.54	3.70	1.16
현금배당성향(%)	17.81	14.09	21.92	44.73	77.95	33.22

출처: 네이버 금융

이트에서도 쉽게 검색할 수 있다.

투자라고 복잡하게 생각할 필요는 없다. 주가를 결정하는 요소를 단순화하고, 이것을 객관적이면서도 직관적으로 해석하면 된다. 자연스럽게 투자의 성공 확률도 높아지고 투자를 대하는 우리의 마음가짐도 조금 더 친숙하면서도 편안해질 것이라고 생각한다.

SUMMARY

- 주가의 함수를 기억하자! 복잡하지 않고 단순하게!
- 주가를 결정하는 요인들에 대한 의미와 변화 요소를 항상 염두에 두자.
- 대표적인 요소 두 가지는 실적과 밸류에이션이다.

12

돈의 흐름이 바뀌는
변곡점에 서 있어라

어떤 큰 변화가 생길 때, 우리도 모르는 사이에 그 변화의 물결에 휩쓸려갈 때가 있다. 투자할 때도 마찬가지다. 따라서 우리가 가장 먼저 파악해야 할 것은 돈이 어디를 향해 가고 있는지를 아는 것이다.

그런데 대화를 하다 보면 지금 돈이 어디로 흘러가는지 관심도 없고 파악할 생각도 없는 투자자들이 보인다. 단순히 "그래서 뭐 사야 해요?"라는 질문에만 관심을 가지는 경우가 많다. 앞에서 언급했듯이 이렇게 듣기만 해서는 투자자가 판단 기준을 세울 수가 없다. 대세를 파악해야만 어떤 종목을 듣더라도 그 종목이 지금 될 주식인지, 안 될 주식인지를 알 수 있기에 우선 돈이 향하는 방향부터 알아보자고 얘기한 것이다.

개인투자자들은 펀드매니저처럼 포트폴리오를 운용하는 것이 아니라 몇 개 종목에 투자하기 때문에 거시 환경에 대한 관심도가 낮아지는 건 당연한 일이다. 하지만 펀드매니저도, 개인투자자도 같은 출발점에 서 있는 사람이다. 금융시장을 둘러싼 거시경제 환경을 이해하고 산업이 어떻게 변화하고 있는지 분석하는 것은 투자자 누구든 간과해서는 안 될 부분이다.

주식시장이 좋다는 뉴스가 나올 때 오르는 주식을 가지지 못한 투자자들은 마음이 급해지기 마련이다. 그래서 지금 이 순간, 당장 투자할 수 있는 주식을 찾으려고 한다. 그런데 이 경우, 투자 결과가 좋으면 문제가 없겠지만 예상대로 되지 않을 때는 주가에 민감하게 반응하면서 대응력이 현저하게 떨어지게 된다.

필자도 매일 다수의 애널리스트들과 다양한 섹터를 주제로 세미나를 하고, 다수의 기업들과 컨퍼런스콜 또는 대면 회의를 하며 기업의 현황을 점검하고, 포트폴리오를 어떻게 운용할지 결정하는 과정을 거치지만 결국 귀결되는 결론은 일반적인 투자자들과 다를 것이 없다. '이 종목을 살까? 팔까? 아니면 좀 기다려볼까?' 고민하는 것이다.

그런데 분명히 차이가 있다. '의사결정의 속도'와 '주가 변동성에 대한 대응력', 그리고 '투자의 방향성에 대한 판단'이 다르다. 물론 펀드매니저들도 공부의 양이 적다면 의사결정의 속도는 당연히 느려진다. 그러나 공부하는 방법론을 충분히 익히고 실행을 반복하다 보면 자연스럽게 숙련도가 올라간다. 그러면 각종 투자에 대한 내공이 쌓이면서 의사를 결정하는 속도도 당연히 빨라질 것이다.

개인투자자에게 거시경제의 모든 것을 파악하자고 말하는 것은 아니다. 물론 알면 좋지만 앞에서 주가의 함수를 언급하면서 말했던 내용과 동일하다. 어려운 거시경제 데이터를 하나하나 살펴보자는 것이 아니라, 직관적으로 지금 돈의 흐름이 어디로 향할 것인지만이라도 인지하자는 것이다. 예를 들면 돈이 선진국으로 갈지 신흥국으로 퍼져 나올지, 성장 산업으로만 쏠릴지 가치주로 확산될 것인지 등을 판단해보자는 것이다.

다음의 표(88~89쪽)는 연도별 자산의 수익률 순위를 나타낸 것이다. 2001년부터 2020년까지 매년 자산별 수익률을 상위 수익률부터 표시했으며, 갈색 음영으로 표시한 자산은 그해 플러스(+) 수익률을 기록한 자산이다. 여러 번 반복해서 표현하고 있지만 직관적, 객관적으로 파악하는 과정이라고 이해해주면 좋겠다. 거창할 필요도 없이 단순하게 한 줄로 요약할 수 있는 수준으로만 의미를 파악하면 된다.

그리고 이 표에서 시장의 리스크이자 미국의 위상을 나타내는 '달러지수'와 대표적인 원자재인 '유가(WTI)' 중에 눈여겨볼 곳에 사각형 표시를 했다. 사각형 표시가 있는 연도와 그해의 달러, 유가의 수익률 순위를 생각해보면 의미 있는 결론을 도출할 수 있다. 달러지수가 강세를 보이면 뒤에는 유가를 중심으로 하는 원자재 가격의 강세가 동반되는 현상이 반복된다. 뭔가 하나의 패턴처럼 반복되는 것 같다면 왜 그런지 생각해본다. 여기에서 해답을 찾으면 그다음 사이클을 예상할 수 있다. 우리는 이 과정을 통해서 '그렇다면 지금은?'이라는 질문에 대한 답을 찾으면 된다.

달러지수가 강세를 보일 때는 다음과 같은 두 가지 환경이다. 첫 번째는 전 세계적인 위기가 와서 달러가 안전자산으로서의 역할을 할 때고, 두 번째는 경제와 정치적 요인들이 미국 중심으로 전개되면서 미국의 펀더멘털이 강세를 보일 때다. 달러가 수익을 가져다준 해는 2001년 'IT 버블' 직후, 2008년 '리먼 브라더스 사태', 2011년 '유럽 재정위기'와 2015년 '미국 금리 인상', 2018년 'G2 무역분쟁'이라는 미국 중심의 정책 전개 국면이었다. 달러 자산이 강세이므로 자금은 당연히 미국 시장으로 유입된다.

필자의 경험을 말해보겠다. 과거 10년간 금융권의 PB센터 고객은 한국 주식이 아닌 미국 주식과 미국 자산을 담는 상품을 중심으로 판매했다. 필자가 설명회를 통해서 2018년 하반기부터 "이제는 한국 시장이 너무 싸 보이니까 한국 시장이 저점일 때 매수를 시작하는 게 유리할 것 같다"라는 논리를 펼쳐도 돌아오는 답은 "요즘 누가 한국 주식 사냐?"라는 말뿐이었다.

그리고 2018년, 2019년 모두가 "미국 주식이 10년 동안 오르고 있으니 올해는 떨어지지 않겠냐?"라는 걱정을 하게 되었다. 그런

자산별 수익 순위(2001년~2020년)

	2001년	2002년	2003년	2004년	2005년	2006년	2007년	2008년	2009년	2010년
1	자유소비재	유가	에너지	에너지	건강관리	중국 주식	중국 주식	원화	자유소비재	에너지
2	금융	금	자유소비재	건강관리	금융	소재	에너지	미국 국채	중국 주식	자유소비재
3	소재	자유소비재	산업재	유가	산업재	글로벌 인프라	산업재	국내 채권(국채)	정보통신	건강관리
4	정보통신	선진국 국채	이머징 주식	유틸리티	자유소비재	이머징 주식	소재	달러지수	구리	산업재
5	필수소비재	이머징 달러 채권	정보통신	글로벌 인프라	한국 주식	에너지	유가	금	유럽 하이일드	금
6	산업재	정보통신	필수소비재	이머징 주식	필수소비재	산업재	이머징 주식	선진국 국채	소재	한국 주식
7	한국 주식	소재	소재	필수소비재	정보통신	필수소비재	한국 주식	유럽 회사채	이머징 주식	농산물
8	미국 회사채	농산물	건강관리	산업재	일본 주식	금	금	미국 회사채	유가	글로벌 리츠
9	국내 채권(국채)	미국 회사채	선진국 주식	선진국 주식	유틸리티	선진국 주식	필수소비재	이머징 로컬 채권	미국 하이일드	이머징 주식
10	이머징 달러 채권	국내 채권(국채)	한국 주식	유럽 하이일드	유가	커뮤니케이션	농산물	이머징 달러 채권	금융	정보통신
11	달러지수	유럽 회사채	미국 하이일드	한국 주식	이머징 주식	유럽 주식	금융	커뮤니케이션	한국 주식	유럽 하이일드
12	유럽 회사채	건강관리	미국 주식	이머징 달러 채권	유럽 주식	미국 주식	건강관리	필수소비재	에너지	소재
13	미국 하이일드	미국 하이일드	유럽 하이일드	일본 주식	금	유틸리티	자유소비재	농산물	글로벌 리츠	이머징 로컬 채권
14	원화	필수소비재	이머징 달러 채권	미국 하이일드	소재	미국 하이일드	글로벌 인프라	유틸리티	선진국 주식	유가
15	금	유럽 하이일드	일본 주식	미국 주식	달러지수	유럽 하이일드	커뮤니케이션	미국 하이일드	글로벌 인프라	미국 하이일드
16	선진국 국채	이머징 주식	글로벌 인프라	유럽 주식	이머징 달러 채권	농산물	유럽 주식	정보통신	산업재	미국 주식
17	커뮤니케이션	한국 주식	유틸리티	소재	농산물	이머징 달러 채권	선진국 주식	자유소비재	이머징 달러 채권	필수소비재
18	이머징 주식	원화	금	선진국 국채	선진국 주식	선진국 국채	선진국 국채	유럽 하이일드	유럽 주식	선진국 주식
19	유틸리티	산업재	유럽 주식	국내 채권(국채)	글로벌 인프라	한국 주식	미국 국채	소재	미국 주식	이머징 달러 채권
20	건강관리	유틸리티	농산물	유럽 회사채	유럽 하이일드	국내 채권(국채)	이머징 달러 채권	미국 주식	금	금융
21	유럽 하이일드	달러지수	선진국 국채	자유소비재	미국 주식	미국 회사채	미국 주식	글로벌 인프라	이머징 로컬 채권	커뮤니케이션
22	미국 주식	커뮤니케이션	중국 주식	금	유럽 회사채	금융	미국 회사채	한국 주식	미국 회사채	미국 회사채
23	선진국 주식	중국 주식	미국 회사채	미국 하이일드	미국 하이일드	일본 주식	국내 채권(국채)	선진국 주식	유럽 회사채	글로벌 인프라
24	유럽 주식	일본 주식	금융	금융	에너지	미국 국채	미국 하이일드	일본 주식	유틸리티	구리
25	일본 주식	에너지	유럽 회사채	커뮤니케이션	미국 회사채	건강관리	원화	유럽 주식	일본 주식	국내 채권(국채)
26	농산물	금융	국내 채권(국채)	정보통신	국내 채권(국채)	유럽 회사채	정보통신	건강관리	필수소비재	미국 국채
27	유가	선진국 주식	유가	농산물	커뮤니케이션	유가	유럽 회사채	구리	선진국 국채	선진국 국채
28		미국 주식	원화	달러지수	원화	정보통신	유럽 하이일드	에너지	국내 채권(국채)	유럽 회사채
29		유럽 주식	커뮤니케이션	원화	선진국 국채	원화	유틸리티	금융	농산물	달러지수
30			달러지수	중국 주식	중국 주식	달러지수	달러지수	이머징 주식	미국 국채	일본 주식
31							자유소비재	일본 주식	산업재	유럽 주식
32							구리	유가	원화	원화
33								중국 주식	커뮤니케이션	유틸리티
34									건강관리	중국 주식

	2011년	2012년	2013년	2014년	2015년	2016년	2017년	2018년	2019년	2020년
1	필수소비재	정보통신	일본 주식	중국 주식	건강관리	유가	건강관리	국내 채권(국채)	정보통신	커뮤니케이션
2	글로벌 인프라	유럽 하이일드	커뮤니케이션	글로벌 리츠	에너지	정보통신	정보통신	달러지수	중국 주식	건강관리
3	금	건강관리	미국 주식	필수소비재	필수소비재	구리	에너지	원화	유가	소재
4	미국 국채	유틸리티	선진국 주식	글로벌 인프라	유틸리티	미국 하이일드	이머징 주식	커뮤니케이션	미국 주식	금
5	자유소비재	에너지	유럽 주식	유틸리티	일본 주식	에너지	구리	미국 국채	글로벌 인프라	중국 주식
6	유가	글로벌 리츠	글로벌 인프라	미국 주식	소재	소재	소재	선진국 국채	유럽 주식	한국 주식
7	미국 회사채	일본 주식	금융	달러지수	달러지수	글로벌 인프라	금융	유럽 회사채	선진국 주식	정보통신
8	이머징 달러 채권	유럽 주식	자유소비재	일본 주식	원화	미국 주식	중국 주식	금	커뮤니케이션	자유소비재
9	선진국 국채	이머징 달러 채권	유틸리티	커뮤니케이션	유럽 주식	이머징 주식	한국 주식	미국 하이일드	글로벌 리츠	미국 국채
10	국내 채권(국채)	이머징 주식	유럽 하이일드	유럽 회사채	중국 주식	금융	커뮤니케이션	미국 회사채	이머징 주식	미국 회사채
11	미국 하이일드	이머징 로컬 채권	미국 하이일드	이머징 달러 채권	국내 채권(국채)	이머징 달러 채권	선진국 주식	유럽 하이일드	금	선진국 국채
12	정보통신	선진국 주식	유가	미국 회사채	한국 주식	이머징 로컬 채권	일본 주식	미국 주식	일본 주식	미국 주식
13	원화	미국 주식	정보통신	유럽 하이일드	유럽 하이일드	커뮤니케이션	미국 주식	건강관리	이머징 달러 채권	구리
14	미국 주식	미국 하이일드	유럽 회사채	국내 채권(국채)	미국 주식	선진국 주식	글로벌 인프라	산업재	미국 회사채	선진국 주식
15	유럽 회사채	유럽 회사채	국내 채권(국채)	선진국 국채	이머징 달러 채권	금	필수소비재	이머징 달러 채권	자유소비재	이머징 달러 채권
16	달러지수	필수소비재	한국 주식	미국 국채	미국 국채	유럽 하이일드	이머징 로컬 채권	글로벌 리츠	미국 하이일드	이머징 주식
17	글로벌 리츠	글로벌 인프라	글로벌 리츠	유럽 주식	선진국 주식	미국 회사채	금	이머징 로컬 채권	유럽 하이일드	국내 채권(국채)
18	이머징 로컬 채권	커뮤니케이션	달러지수	원화	글로벌 리츠	글로벌 리츠	자유소비재	글로벌 인프라	이머징 로컬 채권	필수소비재
19	유럽 하이일드	한국 주식	원화	농산물	유럽 회사채	한국 주식	유가	선진국 주식	한국 주식	원화
20	선진국 주식	미국 회사채	미국 회사채	미국 하이일드	미국 회사채	유럽 주식	이머징 달러 채권	농산물	미국 국채	미국 하이일드
21	건강관리	중국 주식	이머징 주식	건강관리	자유소비재	유럽 회사채	유럽 주식	유틸리티	선진국 국채	유럽 회사채
22	한국 주식	금	선진국 국채	선진국 국채	선진국 국채	달러지수	미국 하이일드	에너지	유럽 회사채	유럽 하이일드
23	농산물	국내 채권(국채)	미국 국채	정보통신	미국 하이일드	원화	선진국 국채	유럽 주식	원화	이머징 로컬 채권
24	커뮤니케이션	금융	소재	금	금융	선진국 국채	글로벌 리츠	이머징 주식	국내 채권(국채)	일본 주식
25	유럽 주식	선진국 국채	산업재	이머징 주식	정보통신	국내 채권(국채)	미국 회사채	한국 주식	금융	달러지수
26	유틸리티	구리	중국 주식	한국 주식	금	미국 국채	유럽 하이일드	일본 주식	달러지수	유럽 회사채
27	에너지	미국 국채	이머징 달러 채권	구리	산업재	일본 주식	산업재	필수소비재	농산물	글로벌 인프라
28	일본 주식	산업재	필수소비재	금융	커뮤니케이션	산업재	유럽 회사채	금융	필수소비재	농산물
29	이머징 주식	달러지수	이머징 로컬 채권	이머징 로컬 채권	글로벌 인프라	농산물	미국 국채	구리	구리	산업재
30	소재	자유소비재	구리	자유소비재	이머징 로컬 채권	자유소비재	국내 채권(국채)	정보통신	산업재	에너지
31	구리	농산물	농산물	산업재	이머징 주식	유틸리티	농산물	소재	소재	글로벌 리츠
32	중국 주식	소재	건강관리	소재	농산물	중국 주식	달러지수	자유소비재	에너지	금융
33	산업재	유가	에너지	에너지	구리	건강관리	원화	중국 주식	유틸리티	유틸리티
34	금융	원화	금	유가	유가	필수소비재	유틸리티	유가	건강관리	유가

자료: Bloomberg

상황에서도 미국 증시는 강세를 보였고 그렇다 보니 돈은 미국을 중심으로 한 선진 시장의 상품 투자에 집중되었다. (기초자산이 단순하지 않은) 구조화된 상품의 표면적인 목표수익률만 보고 투자를 하다 결국 각종 사모펀드 사태를 겪기도 했다. 어찌 되었든 이런 것이 돈의 흐름이라는 것이다.

다시 표의 해석으로 돌아오면, 달러가 강세를 보인 다음 해에는 유가를 중심으로 원자재의 가격이 강세를 보였다. 안전자산 역할을 하던 달러가 강세를 보인 이후에는 유가에 투기 수요가 붙어 유가 강세가 따라왔다는 점에서 해당 시점이 변곡점이었다고 해석할 수 있다. 이 글을 적고 있는 2021년 6월 현재 유가는 약 70달러로 강세를 보이는데 시장에서는 '위기 극복 이후 경제의 정상화', '경기 정상화에 따른 수요의 강세'로 해석하고 있다.

이처럼 과거 20년의 자산별 수익률을 그려보면 반복되는 패턴이 보이고 이런 패턴이 만들어지는 논리적인 이유를 찾다 보면 이 또한 설명할 길이 생긴다. 그리고 우리는 달러가 약세고 유가가 강세인 현 시점이 어떤 국면인지를 파악할 수도 있는데, 지금은 코로나19를 극복하는 과정으로 경기가 회복되고 수요가 강해지는 리스크 온(Risk on) 국면에 진입했다고 볼 수 있다. 최근에 이런 변화가 생기고 있다는 점에서 우리는 시장의 변곡

> **리스크온**
> '위험에 올라탄다'는 의미로 시장이 악재에는 둔감하고 호재에는 민감하게 반응하는 국면을 뜻한다.

점에 서 있다는 논리를 전개할 수 있다.

그런데 여기서 꼭 집고 넘어가야 할 것이 하나 있다. 현재 달러는 약세 기조를 유지하고 있는데, 달러가 약세 기조로 바뀐 시점이 언제냐는 것이다. 달러 강세에 변화가 보인 것은 2018년 하반기 트럼프 전 대통령의 중국에 대한 관세정책이 주춤해지기 시작하면서부터다. 미국만을 위한 정책에 변화가 생기면서 달러의 힘이 점점 약해지기 시작하다가 코로나19 사태를 거치면서 '약세 추세'가 만들어진 것이다.

2019년 당시 주식 전문가의 말을 빌려 표현하자면 "비달러 자산으로 자금의 흐름이 바뀌는 변곡점에 있다. 미국이 아닌 타 국가, 특히 중국이나 한국과 같은 신흥국의 반등에 가능성을 열어두고 시장 대응 전략을 수립하자"는 결론이었다. 그리고 예상치도 못했던 코로나19의 출현이 이를 가속화시켰다.

실제 2021년 6월 코로나19 안정화 및 백신 접종의 확산세가 엄청난 변동성을 이겨내면서 결국 글로벌 증시는 곳곳에서 신고가를 경신하고 있으며 한국의 양대 지수 KOSPI, KOSDAQ 역시 신고가를 경신했다. 수요 개선에 따른 제조업의 부활과 글로벌 무역의 병목현상까지 결합되면서 각종 산업금속의 가격 폭등도 단기적으로 발생했다. 이렇다 보니 결국 돈은 과거 10년과는 다르게 미국 외의 지역, 그리고 신성장 산업에서 구경제 제조업으로까지 뻗어나가는 중이다.

바로 이런 돈의 흐름을 파악하면 우리는 대세 흐름을 타고 투자의 순항을 시작할 수 있다. 여러분의 첫 시작이 이런 파도의 흐름을 파악하는 것이었으면 좋겠다.

SUMMARY

- 돈의 흐름을 파악하자. 돈이 흐르는 큰 파도를 제대로 타야 성공률이 높아진다.
- 데이터는 가급적 장기 시계열로 보자. 과거 패턴 분석을 통해 현재를 파악하고, 파악한 내용이 논리적으로 맞는지를 검증하자.
- 이것이 맞는다면 우리는 큰 파도를 제대로 탄 것이다.

13

한국의 위치를
파악하자

돈의 흐름을 파악했다면 그다음 순서는 성장성이 높은 지역이나 산업을 찾는 것이다. 앞에서 달러와 유가를 통해 변곡점을 생각해보는 방법을 설명했다. 직관적으로 달러 약세는 미국 자산의 매력이 떨어지고 미국 외 국가의 자산의 상대적인 매력도가 높아진다는 뜻이다. 대표적인 미국 외 국가는 중국이 될 것이고, 중국은 신흥국의 대표주자이므로 결국 미국 중심의 신기술·서비스업이냐 중국 중심의 소비주·제조업이냐 하는 선택의 문제로 귀결될 것이다. 돈의 흐름과 연관 지어 이런 형태로 사고를 확장하는 훈련을 계속해봐야 돈이 모이는 곳이 보인다.

이 책에 등장하는 표들은 대부분 필자가 직접 만들었다. 각 표마다 서로 매칭이 잘 되는 것들이 있고, 정기적으로 업데이트를 하다 보면 논리가 강화되는 국면과 약화되는 국면이 있다는 것을 알게 된다. 그러면 자연스럽게 판단을 변경하거나, 강약을 조절할 수 있게 된다. 따라서 각종 데이터를 가지고 '엑셀 놀이'를 한다고 생각하고 여러 가지 방식으로 자료를 변형시켜가면서 의미를 찾기 위한 각종 작업을 해보기를 권한다.

잠깐 이야기가 옆으로 샜지만, 미국이냐 중국이냐, 선진국이냐

국가별 GDP 비중 변화 (2000년~2019년)

순위	2000		2001		2002		2003		2004		2005		2006		2007		2008		2009	
1	미국	28.7	미국	28.4	미국	28.2	미국	28.1	미국	28.0	미국	27.8	미국	27.4	미국	26.7	미국	26.2	미국	25.8
2	일본	8.2	일본	8.1	일본	7.9	일본	7.8	일본	7.6	중국	7.8	중국	8.4	중국	9.2	중국	9.9	중국	11.0
3	독일	5.9	중국	6.1	중국	6.5	중국	6.9	중국	7.3	일본	7.4	일본	7.2	일본	7.0	일본	6.8	일본	6.5
4	중국	5.7	독일	5.9	독일	5.8	독일	5.5	독일	5.3	독일	5.2	독일	5.2	독일	5.1	독일	5.0	독일	4.8
5	영국	4.7	영국	4.7	영국	4.7	영국	4.7	영국	4.7	영국	4.6	영국	4.5	영국	4.5	영국	4.4	영국	4.2
6	프랑스	4.3	프랑스	4.3	프랑스	4.2	프랑스	4.1	프랑스	4.1	프랑스	4.0	프랑스	3.9	프랑스	3.8	프랑스	3.7	프랑스	3.7
7	이탈리아	3.8	이탈리아	3.8	이탈리아	3.8	이탈리아	3.6	이탈리아	3.5	이탈리아	3.4	이탈리아	3.4	이탈리아	3.3	이탈리아	3.2	이탈리아	3.0
8	브라질	2.5	브라질	2.5	브라질	2.5	브라질	2.4	브라질	2.5	브라질	2.4	브라질	2.4	브라질	2.5	브라질	2.5	브라질	2.6
9	캐나다	2.4	캐나다	2.4	캐나다	2.4	캐나다	2.4	캐나다	2.4	캐나다	2.4	캐나다	2.3	캐나다	2.3	캐나다	2.2	인도	2.3
10	스페인	2.0	스페인	2.1	스페인	2.1	스페인	2.1	스페인	2.0	스페인	2.0	인도	2.1	인도	2.1	인도	2.2	캐나다	2.2
전 세계 GDP (십억 달러)	47,938		48,929		50,074		51,665		53,885		56,077		58,605		61,170		62,367		61,561	

신흥국이냐의 선택은 결국 헤게모니, 쉽게 말해 주도권 싸움으로 가게 된다. 국가 경제력을 장기 시계열로 비교하면 앞서 달러와 원자재 패턴같이 의미 있는 내용을 찾아낼 수 있을 것이라고 생각해 아래와 같은 표를 만들었다. 이 표 역시도 단순하지만 살을 붙이면 상당히 의미 있는 논리를 발견할 수 있다.

아래 표는 2000년부터 20년간 전 세계 국내총생산(Gross domestic product, 이하 GDP)를 기준으로 1위에서 10위까지의 국가들과 각 국가가 차지하는 비중을 표시한 것이다(2020년 자료는 추정치지만 방

2010		2011		2012		2013		2014		2015		2016		2017		2018		2019		2020(E)	
미국	25.4	미국	25.0	미국	24.9	미국	24.6	미국	24.5	미국	24.5	미국	24.2	미국	24.0	미국	23.9	미국	23.9	미국	24.1
중국	11.6	중국	12.4	중국	13.0	중국	13.6	중국	14.2	중국	14.7	중국	15.3	중국	15.8	중국	16.4	중국	16.9	중국	18.1
일본	6.5	일본	6.3	일본	6.2	일본	6.2	일본	6.0	일본	5.9	일본	5.8	일본	5.7	일본	5.5	일본	5.4	일본	5.4
독일	4.8	독일	4.8	독일	4.7	독일	4.6	독일	4.6	독일	4.5	독일	4.5	독일	4.5	독일	4.4	독일	4.3	독일	4.2
영국	4.1	영국	4.1	영국	4.0	영국	4.0	영국	4.0	영국	3.9	영국	3.9	영국	3.8	영국	3.8	영국	3.7	영국	3.5
프랑스	3.6	프랑스	3.6	프랑스	3.5	프랑스	3.4	프랑스	3.3	프랑스	3.3	프랑스	3.2	프랑스	3.2	인도	3.2	인도	3.3	인도	3.1
이탈리아	3.0	이탈리아	2.9	이탈리아	2.7	이탈리아	2.7	인도	2.8	인도	2.9	인도	3.0	인도	3.1	프랑스	3.1	프랑스	3.1	프랑스	2.9
브라질	2.6	브라질	2.7	브라질	2.6	인도	2.6	브라질	2.6	이탈리아	2.5	이탈리아	2.4	이탈리아	2.4	이탈리아	2.3	이탈리아	2.3	브라질	2.1
인도	2.4	인도	2.5	인도	2.6	이탈리아	2.6	이탈리아	2.5	브라질	2.4	브라질	2.3	브라질	2.2	브라질	2.2	브라질	2.2	이탈리아	2.1
캐나다	2.2	캐나다	2.2	캐나다	2.2	캐나다	2.1	캐나다	2.1	캐나다	2.1	캐나다	2.1	캐나다	2.1	캐나다	2.0	캐나다	2.0	한국	2.0
64,303		66,345		68,178		70,059		72,193		74,448		76,499		79,156		81,672		83,750		79,640	

자료: HIS, 명목 GDP 기준

법론을 서술하고자 하는 것이므로 양해해주길 바란다). 이러한 매크로 데이터는 최대한 긴 시계열로 보는 것이 좋다. 자료를 길게 구하면 좋은데, 그렇지 않더라도 최소 20년 정도는 되면 좋겠다. 그래야 전체적인 흐름과 변곡점에서의 특징들을 파악할 수 있기 때문이다.

우선 전 세계 GDP는 2008년 리먼 브라더스 사태와 2019년 코로나19를 제외하면 매년 성장했고, 전체 GDP 규모는 20년 동안 약 2배 커졌다. 2020년은 예상 값이지만 코로나19로 인해서 2019년 GDP에 비해 적을 것으로 판단되었다.

전체 GDP 점유율 1위는 당연히 미국이다. 그런데 미국의 점유율은 계속해서 감소하고 있다. 이와는 대조적으로 중국의 비중은 2000년 5.7%에서 2020년 18.1%까지 상승할 것으로 예상했다. 전체 시장이 약 2배 커지는 동안 중국은 비중이 약 3배 정도 증가하면서 약 6배의 증가율을 보인 것이다. 즉, 2000년 들어서 전 세계 GDP 성장의 1등 공신은 바로 중국이었다.

따라서 미국은 중국을 견제하지 않을 수 없었고, 2018년 관세 카드를 꺼내면서 무역분쟁을 통해 성장의 속도와 전 세계 시장의 주도권을 가져오고자 했다. 2018~2019년 중국의 비중이 소폭 증가하는 데 그치면서 미국의 전략이 효과를 발휘하는 것처럼 보였으나, 장기화되는 무역분쟁에 따른 미국 기업들의 체력 저하와 아무도 예상하지 못했던 코로나19의 발병으로 인해 또 한 번 전세가 바뀌게 된다.

중국은 코로나19의 발병지로 바이러스 종식에 대한 신뢰는 없으나, 단기간에 제조업의 정상화를 이루었고 제조업의 생산 지표 또한 차질 없이 회복되는 등 정상회로를 향해 달리기 시작했다. 반면 미국과 유럽 등의 지역에서는 자유에 대한 침해, 전염 질병에 대한 확대 해석 등의 사유로 대응을 소홀히 했고 결국은 팬데믹을 선언하게 되었다. 즉, 2018년 관세와 기술 규제 등으로 패권을 유지하려던 미국이 다시 한번 기회를 날려버렸던 것이다.

그러나 이 책을 작성하고 있는 2021년 6월 기준으로 미국은 조만간 집단 면역 구간에 진입할 것으로 예상되고 있다. 이미 특정 지역에서는 여행 자유화를 추진하고 있으며 마스크를 벗기 시작했다. 미국, 유럽에서는 기술력을 바탕으로 백신을 먼저 개발했고, 자국민 중심으로 접종을 실시하며 마스크를 가장 빨리 벗는 근본적인 해결이 이뤄지기 시작한 것이다. 코로나19의 위기 이후 수요가 발생하자 공급자가 제한적인 점을 활용하여 제조업 국가들이 앞서가는 모습(전쟁이 아니라 제조업 시설은 정상적으로 가동했기 때문)을 보였던 이전과는 사뭇 다른 분위기다.

제조업 설비의 보유, 신산업 및 첨단산업 기술력, 정치력, 경제력, 원자재 보유 등 다양한 경쟁 우위의 요소를 통해 전 세계의 패권은 수시로 바뀌고 흐름을 탄다. 투자를 하는 우리는 이 과정에서 '나는 어떤 지역에 투자할 것인가?', '현재 한국은 수혜를 받거나 재평가를 받을 수 있을 것인가?', '누구나 의미를 부여할 수밖에 없는 새로운 변화는 무엇일까?', '새로운 흐름은 압도적으로 우위에 있으며 지속성을 가질 수 있을까?' 같은 질문을 던지며 의미를 파악하고 투자의 핵심 논리로 활용할 줄 알아야 한다.

전 세계 GDP 10위, 한국의 첫 순위권 진출

여기서 아주 중요한 이벤트가 있다. 2020년에 한국이 처음으로 전 세계 GDP 10위에 진입할 거라고 예상한 것이다. 이 당시는 한국과 중국의 코로나19 대응력이 확연히 달랐던 시점이며, K-방역을 필두로 각종 'K' 열풍에 의미를 부여하던 때다. 필자도 한국의 기업들은 활동에 차질이 없으며 글로벌 위기 국면에서 한국이 깨끗한 공장(Clean factory)으로 자리매김을 확실하게 하는 계기가 될 것이라고 주장했다. 2차전지, 바이오, 5G, 미디어·엔터 등 전반적인 신산업에서 한국 기업들의 위치가 선두권을 유지하고 있으며, 코로나19로 인해 각 산업의 개화 속도가 더 빨라졌기에 한국 기업이 확실하게 시장 주도권을 거머쥘 기회를 얻게 될 것이라고 말이다. 그리고 이런 것들이 합쳐서 한국의 GDP 성장률은 셧다운을 겪고 있는 타 국가와 대조되며 두각을 나타낼 것이라고 판단했다.

흐름을 판단할 때는 반드시 데이터를 기반으로 해야 하는데 위와 같이 스토리텔링이 가미되면 그 효과는 배가된다. 이렇게 도출한 내용이 누구나 납득할 수밖에 없는 상황이고, 여기에 반박할 수 있는 논리가 없다면 이것이 기업의 펀더멘털에 더해지면서 재평가로 이어지게 되는 것이다. 이런 과정을 통해 우리는 투자에 대해서 확신을 얻게 되고, 향후 몇 년을 투자할 수 있는 방향성이라는 큰 무기를 얻게 된다.

당시 필자는 기업들의 활동과 흘러가는 글로벌 상황이 우리에게 우호적인 것으로 판단을 하면서부터 위에 정리했던 논리를 주장했다. 그러면서도 한편으로는 '갑자기 한국이 등장한 이유는 무엇일까?', '그전에 한국은 몇 위였을까?', '현재는 GDP 10위를 예상하지만 코로나19 사태가 완화되면 2020년 최종 수치는 몇 위일까?' 등을 반문하면서 꽤 오랜 시간을 보냈다. 그리고 끊임없이 각종 데이터를 확인했다. 이때 방송에 출연했는데 "시장에 대한 생각이 변한 게 없습니까?"라는 질문을 받으면 "저는 오히려 생각이 더 강화되고 있습니다"라고 답변했다.

여기서 강조하고 싶은 것은 시장을 맞췄다는 사실이 아니라, 저런 질문에도 자신 있게 대답할 수 있는 확실한 신념을 만들려면 지금까지 길게 설명한 것처럼 상황을 정리해 전략을 세우고, 시간을 투자해 지속적으로 데이터를 업데이트 하면서 확인하는 과정을 거쳐야 한다는 것이다. 만약 그것이 현실이 된다면, 그 전략은 시장을 주도하는 전략이 될 것이며 내 주변의 많은 이들이 이 주장을 옹호하면서 추종세력이 만들어질 것이다.

이처럼 '한국의 글로벌 GDP 10위 첫 진입', '역사적 신고가'같이 처음이라는 이벤트는 반드시 주목해야 한다. 변화의 탄생은 시장과 주가의 변곡점을 만든다. 변화의 지속은 시장과 주가의 방향성을 결정한다. 그리고 그 변화가 인정받는 순간 시장과 주가의 펀더멘털을 강화시킨다. 따라서 이런 이벤트에 민감하게 반응하면 우리는 소위 말하는 '대박' 투자를 할 가능성이 높아질 것이다.

한국의 첫 10위 진입 가능성은 신산업의 주도 기업들이 한국 기업들이고, 이것들을 합친 힘의 결과였다. 그래서 코로나19에도 불구하고 KOSPI의 급반등을 만들 수 있었다. 그리고 이에 따른 기업들의 수주와 실적 강세는 주식시장의 변동성이 상당함에도 불구하고 KOSPI 지수의 저점이 계속해서 올라가는(우상향하는) 강력함을 보여줬다. 성장이 본격화되는 산업에 속한 기업들이 본격적으로 이익의 증가를 증명하기 시작하면서 업종을 대표하는 대표주가 주도주의 역할을 해내고 있다. 이것이 한국 시장이 아직도 강한 상승세를 유지하고 있는 힘이라고 생각한다.

2021년 1분기 말, 실제로 한국은 2020년 글로벌 GDP 비중 1.9%를 차지하며 10위를 기록한 것으로 확인되었다. 2020년 전 세계 GDP는 하락할 거라는 의견도 많았으나 실제로는 2019년보다 성장한 것으로 나타났다(2019년 83조 7500억 달러에서 2020년 84조 5380억 달러로 늘어났다). 여기서 중요한 것은 한국 주식시장은 전 세계 시가총액 순위 13~15위 사이를 유지하고 있다는 점이다. 당연히 한국 주식시장의 재평가 이뤄질 것이라고 생각한다.

SUMMARY

- 글로벌 정세의 변화, 시장의 변곡점과 재평가 요인에 대해서 항상 고민하자.
- 의미 있는 변화의 가능성을 발견했다면 관련 지표를 지속 업데이트하면서 관찰하자.
- 예상했던 대로 결과가 나오면, 여기에서 시장 주도력이 발생한다. 여기서 재평가가 되는 것이다.
- 한국의 GDP는 10위권 진입이 확정되었다. 2020년 GDP는 2019년 대비 성장했다.

14

버핏지수로
검증하기

합리적으로 생각하고 실제로 예상했던 수치가 나오면 '맞췄다'는 사실이 그 어떤 보상보다도 희열을 느끼게 해준다. 물론 성과가 동반된다면 더없이 좋을 것이다. 하지만 우리는 이런 하나의 수치에 안주하면 안 되고 항상 검증해야 한다. 학창시절 논술 시간에 배웠던 '일반화의 오류'를 피해야 한다.

앞에서 시대의 흐름, 상황의 변화와 반전 등의 요인으로 우리나라가 GDP 10위에 진입할 거라 예상해보고 이에 대한 결과물도 확인했다. 이것만으로도 한국이 재평가를 받을 것이라 주장할 수도 있겠지만 '평가'라는 것은 사실 내가 아닌 남이 해주는 것이다. '난 재평가할 거야!'라고 해서 주가의 밸류에이션이 상승하지는 못한다.

그래서 필자는 '버핏지수'를 떠올렸다. 왜냐하면 GDP로 이야기를 풀었기 때문에 이 항목이 들어가는 다른 지표가 있으면 내용의 연결이 매끄러워지기 때문이다. 이처럼 모든 내용을 연결하고 연장선을 그어 생각을 강화하거나 변화를 가져다줄 수 있는 방식으로 사고를 전개했으면 하는 것이 여기서 말하고 싶은 포인트다. 검정과 검증을 거치면 나의 판단에 대한 반론이나 공격을 받았을 때 대처할 수 있다. 방어 논리가 있다면 나의 생각은 점점 강화될 것이고 우리는 정해진 방향으로 꾸준히 투자를 이어갈 수 있다. 물론 이 과정에서 나의 논리가 약해지거나 새로운 변화가 생긴다면 더 강한 논리에 맞게 투자의 방향을 틀 수도 있으므로 오히려 좋은 기회가 될 수도 있다. 즉, 검증의 효과를 볼 수 있는 것이다.

버핏지수는 버크셔 해서웨이의 워런 버핏 회장이 높게 평가하는 지표로 시가총액을 GDP로 나누는 계산법이다. 주식시장과 경제 규모를 비교하는 것으로 70~80%는 저평가, 100% 이상은 고평가로 판단한다.

우선 미국 S&P500을 보자. 다음의 그래프를 보면 S&P500은 2013년부터 기준선 100%를 상회했으며 현

> **S&P500**
> 국제 신용평가기관인 미국의 스탠더드 앤드 푸어스(Standard& Poors)가 발표하는 미국의 대표적인 주가지수 중 하나다. 뉴욕증권거래소에 상장된 500개 기업을 기준으로 산출한 시가총액식 주가지수로, 전체적인 미국시장의 동향을 파악할 때 쓰인다.

미국과 한국의 버핏지수 비교

S&P500 시가총액 / 미국 GDP

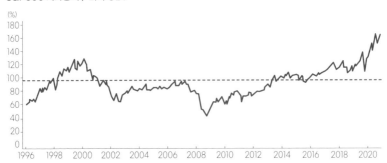

미국 전체 상장주식 시가총액 / 미국 GDP

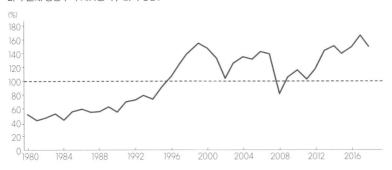

KOSPI 시가총액 / 한국 GDP

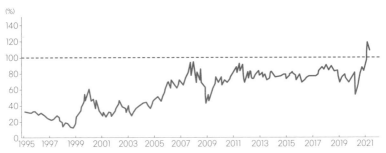

자료: Bloomberg, Quantise

재는 160%를 상회하고 있다. S&P500뿐만 아니라 미국 전체 상장 주식을 기준으로 봐도 150% 수준에 있다. 그런데 한국은 이제서야 100%를 처음 상향 돌파했다.

앞서 잠깐 언급했던 내용이지만 2019년 말 금융기관을 대상으로 설명회를 하면서 PB분들께 가장 많이 받았던 질문 중에 하나가 "미국이 10년 동안 올라서 이제부터 빠질 것 같은데 어떻게 생각합니까?"였다. 다른 이유는 없었다. 그저 10년 동안 상승했던 자산을 본 적이 없기에 미국 주식은 이제 오를 대로 오른 것 아니냐는 거였다. 3~5년 정도는 다른 중기 사이클이 생기지 않을까 하는 단순한 생각이었겠지만, 미국 주식은 옆에 있는 그래프만 봐도 계속 상승했다는 것을 알 수 있다.

2021년 초 이후 글로벌 증시는 꾸준히 역사적 신고가를 갱신하고 있고, 이때마다 버블을 우려하는 목소리도 항상 빠지지 않고 등장한다. 그럼에도 버핏지수는 여전히 우상향 추세에 있다. 왜 그런 것일까? 답은 간단하다. GDP의 구조와 시가총액의 구조가 다르기 때문이다. 주가는 미래를 반영하는 결과물이므로 미래의 산업구조로 이미 구조조정을 마쳤다. 미국은 'FAANG(페이스북, 아마존, 애플, 넷플릭스, 구글의 줄임말)', 한국은 'BBIG(바이오, 배터리, 인터넷, 게임의 줄임말)'으로 명명되는 시가총액의 구조를 완성했다. 다음 표는 2000년과 2020년, 미국과 한국의 시가총액 상위 10개 기업을 비교해서 정리한 것이다.

상위 10개 종목들은 이미 시대를 반영해서 포진하고 있으며 상식적으로 지금 당장 이 기업들의 성장세가 꺾일 것이라고 판단하기는 어렵다. 무역분쟁과 코로나19를 겪으며 체감 경기는 점점 안 좋아졌지만 주가는 이와 다른 궤적을 보였는데, 이것도 위와 같은 이유다. 그리고 우리는 이를 '4차산업 혁명'이라는 테마 아래 명확한 성장주가 주도하는 시장으로 해석했던 것이다.

S&P500, KOSPI 시가총액 TOP10의 순위 변화 (2000년 vs. 2020년)

S&P500 시가총액 상위 기업 (단위: 십억 달러)					
2000년			2020년		
순위	기업명	시가총액	순위	기업명	시가총액
1	제너럴 일렉트릭(GE)	475.0	1	애플	2,232.3
2	엑슨모빌	302.2	2	마이크로소프트	1,681.6
3	화이자	290.2	3	아마존	1,634.2
4	시티그룹	275.7	4	테슬라	668.9
5	시스코시스템즈	268.7	5	페이스북	656.7
6	월마트	237.3	6	알파벳 'C'	577.9
7	마이크로소프트	231.3	7	알파벳 'A'	526.9
8	아메리칸 인터내셔널 그룹(AIG)	228.2	8	존슨앤드존슨	414.3
9	머크앤드 컴퍼니	215.9	9	월마트	407.8
10	로열더치쉘	212.9	10	JP 모건 체이스	387.3

이러한 구조에서 한국의 버핏지수는 2021년이 되어서야 처음으로 100%를 돌파했다. 성장하는 산업, 한국 주식에 대한 재평가가 발생한 것이라고 해석할 수 있다. 왜냐하면 한국 GDP가 역성장 하지 않았기 때문이다. 그리고 예상외로 GDP 총합 역시 증가했다는 점도 의미가 있다. 우리는 알게 모르게 재평가의 구간에 진입하고 있었던 것이다.

KOSPI 시가총액 상위 기업 (단위:십억 원)

2000년			2020년		
순위	기업명	시가총액	순위	기업명	시가총액
1	삼성전자	23,896	1	삼성전자	483,552
2	SK텔레콤	22,556	2	SK하이닉스	86,268
3	KT	20,917	3	LG화학	58,168
4	한국전력	15,106	4	삼성바이오로직스	54,652
5	포스코	7,381	5	셀트리온	48,464
6	국민은행	4,464	6	네이버	48,047
7	KT&G	3,629	7	삼성SDI	43,184
8	기아차	3,192	8	현대차	41,024
9	한국주택은행	3,130	9	카카오	34,446
10	현대차	2,772	10	삼성물산	25,790

2020년 12월 30일 종가 기준

이렇게 데이터에 기반을 두고 큰 틀을 잡고, 이를 또 다른 수치로 증명하면 시장에 대한 판단은 더욱 강화된다. 펀드매니저들이 거시경제를 보고 각종 전략 세미나를 하면서 지속적으로 검증하려는 것이 바로 이런 것들이다.

복잡해 보이지만 결국 우리가 해야할 것은 실적, 밸류에이션을 따져보는 공부이며 검증 과정을 거치는 것이다. 검증이 결과로 나타나면 확신이 되고, 이것이 주변 투자자들에게 확산되면 시세를 형성하게 될 것이다.

SUMMARY

- 판단에 대한 검증을 지속해야 한다.
- 검증의 기준은 실적, 밸류에이션, 기타 변수로 단순화해서 생각해야 한다.
- 검증의 결과는 투자의 방향성을 제시해줄 것이다. 사야 할지, 더 사야 할지, 그만 사야할지, 팔아야 할지를 말이다.
- 검증의 결과물은 항상 수치로 확인할 수 있다.
- 펀드매니저가 각종 경제 세미나를 듣고 공부하는 이유는 바로 이것 때문이다.

15

수익률 10배의 비결은
'시대의 1등주'

검증의 결과물은 수치로 확인할 수 있다고 했다. GDP 순위든, 버핏지수든, 시가총액 상위 10위의 구성이든 다양한 형태로 확인할 수 있다. 이렇게 검증이 끝나면 당연히 우리는 투자를 실행해야 한다. 지금까지 설명한 것처럼 시대를 판단해서 모두가 의미를 부여하려고 하는 곳에 투자하는 것이다. 돈의 흐름을 타다 보면 막연하게 감각적으로 움직이던 이전의 투자와는 확연하게 다른, 차별화된 장기 성과를 가져갈 수 있을 것이다.

우리가 검증을 통해서 발견한 변화는 1~2개월처럼 단기간에 끝나지 않는다. '산업의 구조', '세계 경제 여건' 등의 근본적인 요인의 변화가 반영되는 것이므로 장기간 추세를 이어가게 될 것이다. 산업은 개화기, 성장기, 성숙기, 쇠퇴기를 거치는데 주식은 개화기와 성장기 사이의 폭발적인 성장률을 먹는 게임이다. 이 구간에 집중투자를 하면 되는데, 이 구간은 최소 3~4년, 길면 10년 정도다.

아래 4개의 차트는 필자가 '시대의 1등주에 투자하자!'고 외칠 때 항상 보여주는 차트다. 위쪽에 있는 그래프는 KOSPI다. 개장부터 2019년 말까지의 차트이며 시장에서 불렀던 시기별 명칭을 표

시대별 대표 주식

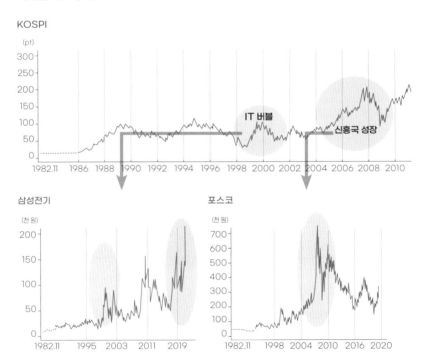

시했다. 1990년 후반에서 2000년 초반은 'IT버블', 2000년대는 '신흥국 성장', 2010년 중반은 '중국 소비', 2010년 후반은 '4차산업혁명' 시대라고 분류하고, 각 시대를 대표했던 주식(삼성전기, 포스코, CJ)를 예시로 들었다.

이러한 분류는 사실 주식시장에서 본격적인 테마가 형성되고 주가에 반영되기 시작하면서 의미를 부여하기 위해 후행적으로 명명되는 것이지만, 우리가 이 흐름을 보다 먼저 파악한다면 소위 말하

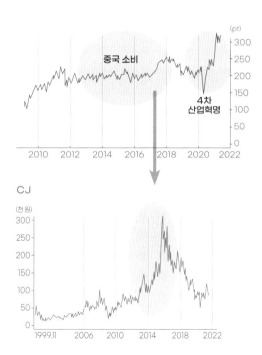

는 '되는 장에서 플레이'할 수 있게 되는 것이다. 당연한 말이지만 되는 산업에서는 잘 맞추면 대박, 못 맞춰도 본전일 확률이 높다.

그래프에 표시된 각 산업의 대표주는 한 가지 공통점이 있다. 해당 산업이 호황기일 때, 성장 산업으로 인정받을 때에는 시세가 급등하고 추세적으로 상승하지만, 호시절이 지나면 급락하거나 추세적인 하락을 동반한다는 것이다. 그래서 '성장주의 말로는 급락'이라는 말도 있다. 주가가 상승할 때는 실적 상승 이후 밸류에이션이 급등하지만, 하락할 때는 밸류에이션이 먼저 급감하고 뒤이어 실적 감소가 따라온다. 밸류에이션이 급격히 떨어지면 투자자들의 심리가 불안정해지기 시작하는데 실적 하락이라는 요인이 발생하면 투자 심리가 급격히 냉각되면서 주가 급락이 발생한다.

2021년 초반에는 4차 산업혁명의 핵심인 반도체를 중심으로 각종 IT 업체들의 주가가 강세를 보였다. 삼성전기 역시 마찬가지다. 그런데 몇 년 전 과거로 돌아가면 IT 기업으로는 수익을 얻기 힘들었다. 잘해봤자 단기 매매에 의한 수익이었다. 그런데 또 IT 사이클이 호황기를 보였던 국면에서는 엄청난 시세를 분출했다.

2000년대에는 중국을 중심으로 신흥국의 성장이 글로벌 성장을 이끌었다. 그러다 보니 소재·산업재 업종의 강세가 동반되었으며 '차화정(자동차, 화학, 정유의 줄임말)' 장세까지 이어졌다. 110쪽에 있는 포스코 차트는 정확히 그 시대를 반영하고 있다. 포스코 역시 차화정 이후 불황과 산업 구조조정 등의 이유로 10년 넘게 약세를 보이다가 최근 제조업의 부흥에 힘입어 다시 강세를 보이고 있다.

2010년 중반대 '중국 소비' 시대에는 고만고만한 시세만 보이던 CJ 주가가 2~3년 만에 몇 배로 상승했다. 가수 싸이의 인기, 한국 음식, 중국인들의 한국 단체 관광 등이 결합되면서 주식시장에서도 중국 소비재, 한류 열풍이라는 테마를 만들어낸 것이다. 시대의 주도 산업이 부각되면서 CJ그룹이 가장 잘하는 기업으로 평가를 받은 것이다. CJ는 상장 이후 13~14년 동안 지주사로 평가 받았는데, 이때는 개별 종목으로 인정받아 높은 PER을 받게 되었다.

그래프로 보여준 이들 사례는 모두 다 다른 산업의 업종 대표주라서 의미가 있다. 시대가 맞으면 이렇게 큰 주식도 개별 종목처럼 가볍게 상

> **지주사**
> 자회사의 독점적 지배권을 가지고 있는 회사를 지주사(지주회사)라고 부른다. 예를 들어 (주)LG는 LG 그룹의 지주사로 LG화학, LG전자, LG생활건강 등 자회사의 지분과 지배권을 보유한다.

승하고, 시대가 맞지 않으면 시장은 관심을 가지지 않는다는 사실을 정말 제대로 보여주는 자료다. 시대의 흐름을 잘 타고, 되는 산업의 대장주를 사면 어떤 결과물이 나올지를 보여준 것이다. 물론, 주가는 등락을 거듭하며 저점을 높여가고 고점을 낮춰가며 우상향할 것이다. 그러므로 우리는 주가의 상승세를 형성하는 산업과 종목을 선택하면 되는 것이다.

그리고 산업의 성장과 테마가 형성되는 초기 흐름에 편승한다면 강한 시세에 올라타게 될 것이다. 그러면 안전마진을 확보한 상태로 투

자를 시작하기 때문에 조그마한 변동성은 가뿐히 견딜 수 있게 되면서 자연스럽게 장기 투자로 이어진다. 그리고 장기간 투자하면 승수효과로 엄청난 수익률을 가져오는 성공 투자라는 보답을 얻게 된다.

또한 성장 산업과 대장주가 확정되면 산업의 밸류체인에 속하는 기업군까지 투자 범위를 확대할 수 있고, 그러면 플러스 알파의 추가 수익도 확보할 수 있다. 장비나 소재를 납품하는 중소형 종목은 변동성이 크기 때문에 대장주에 투자할 때보다 조금 더 큰 수익을 기대할 수 있다는 의미다. 시대의 1등주 가운데 텐 배거(Ten bagger) 종목을 알아볼 수 있다면 투자 자체가 참으로 행복한 일이 될 것이다.

> **텐 배거**
> 미국의 펀드매니저 피터 린치가 사용한 용어로, 투자자가 최초 구매가격의 10배에 달하는 높은 수익률을 얻은 종목을 가리킨다.

SUMMARY

- 시대의 1등주에 투자하자. 명확한 성장산업의 밸류체인이 나의 투자처가 된다.
- 시대를 파악하면 제대로 된 출발선에 설 수 있다.
- 지수와 무관하게 시장을 주도하는 산업과 테마는 항상 존재한다.
- 텐 배거 종목을 보유하자. 그 시대의 1등주에 투자하는 것이 편안한 장기 투자로 이어지고, 이것이 엄청난 수익률로 보답할 것이다.

16

1등주를
사야 하는 이유

시대의 1등주를 성장주라고 단정 지을 이유는 전혀 없다. 실적이 상승하는 펀더멘털을 가진 주식이 적절한 시기를 만나면 재평가를 받는 것처럼 지금의 성장주가 아니더라도 주가가 상승할 수 있는 논리가 형성되면 된다. 따라서 실적이 성장하는 주식이어야 한다. 그래서 필자는 항상 '실적 성장주'를 주장한다. 실적이 성장하면 주가가 상승하는 확률이 자연스럽게 높아지는데 기업이 자체적으로 경쟁력을 가지고 산업에서의 헤게모니까지 가지게 되면 장기 성장성을 보여주면서 엄청난 성과를 보여줄 것이다. 대표적인 예는 한국의 대표 기업 삼성전자다.

산업 내 1등 기업과 2등 기업의 시가총액 변화(단위: 억 원)

1994년			1997년			2007년		
종목명	시가총액	비중	종목명	시가총액	비중	종목명	시가총액	비중
한국전력	165,468	11.8%	KT	558,837	12.3%	삼성전자	818,984	7.8%
포스코	58,470	4.2%	삼성전자	398,571	8.8%	포스코	501,324	4.8%
삼성전자	54,193	3.9%	KTF	374,264	8.2%	현대중공업	336,300	3.2%
LGEI (구 LG전자)	23,546	1.7%	SK텔레콤	339,266	7.5%	한국전력	254,382	2.4%
SK텔레콤	23,268	1.7%	한국전력	225,242	4.9%	국민은행	232,102	2.2%
신한은행	20,124	1.4%	LG데이콤	140,067	3.1%	신한지주	211,967	2.0%
SK	17,805	1.3%	포스코	120,601	2.7%	SK텔레콤	202,172	1.9%
현대건설	17,340	1.2%	하이닉스	84,093	1.8%	LG디스플레이	177,119	1.7%
현대차	16,173	1.2%	한국통신엠닷컴	70,844	1.6%	SK이노베이션	165,386	1.6%
삼성중공업	16,072	1.2%	엘지정보통신	58,092	1.3%	현대차	157,430	1.5%
LG	15,404	1.1%	삼성전기	56,293	1.2%	우리금융	151,934	1.4%
대우	15,347	1.1%	국민은행	53,331	1.2%	LG전자	144,648	1.4%
S-Oil	15,255	1.1%	LGEI (구 LG전자)	50,444	1.1%	신세계	136,927	1.3%
조흥은행	15,210	1.1%	KT&G	47,939	1.1%	KT	135,731	1.3%
제일은행	14,300	1.0%	SK브로드밴드	47,160	1.0%	두산중공업	131,976	1.3%
대우증권	13,695	1.0%	현대차	37,525	0.8%	LG	120,617	1.1%
한일은행	13,596	1.0%	한국주택은행	35,693	0.8%	롯데쇼핑	119,949	1.1%
외환은행	12,947	0.9%	LG	35,043	0.8%	삼성화재	119,858	1.1%
기아차	11,130	0.8%	한빛은행	33,581	0.7%	하이닉스	119,170	1.1%
대한항공	10,736	0.8%	기아차	31,911	0.7%	KT&G	114,324	1.1%
전체 시가총액	1,396,937			4,550,594			10,543,547	

	2010년			2016년			2019년	
종목명	시가총액	비중	종목명	시가총액	비중	종목명	시가총액	비중
삼성전자	1,397,871	11.2%	삼성전자	2,535,041	19.37%	삼성전자	3,319,199	21.79%
포스코	424,600	3.4%	SK하이닉스	325,417	2.49%	SK하이닉스	690,874	4.53%
현대차	382,180	3.1%	현대차	321,603	2.46%	NAVER	299,960	1.96%
현대중공업	336,680	2.7%	한국전력	282,785	2.16%	삼성바이오	278,885	1.83%
현대모비스	276,943	2.2%	현대모비스	256,987	1.96%	현대차	246,787	1.62%
LG화학	259,120	2.1%	NAVER	255,460	1.95%	현대모비스	236,361	1.55%
신한지주	250,852	2.0%	삼성물산	238,061	1.82%	셀트리온	228,441	1.49%
KB금융	231,811	1.9%	삼성생명	225,000	1.72%	LG화학	220,601	1.44%
삼성생명	205,000	1.6%	포스코	224,506	1.72%	포스코	207,941	1.36%
기아차	201,173	1.6%	신한지주	214,575	1.64%	삼성물산	202,968	1.33%
한국전력	193,753	1.6%	아모레퍼시픽	187,944	1.44%	신한지주	202,720	1.33%
SK이노베이션	179,383	1.4%	Sk텔레콤	180,870	1.38%	LG생활건강	197,726	1.29%
LG전자	170,684	1.4%	KB금융	178,951	1.37%	KB금융	196,677	1.29%
LG	150,642	1.2%	LG화학	172,967	1.32%	SK텔레콤	188,138	1.23%
LG디스플레이	142,411	1.1%	SK	161,476	1.23%	한국전력	181,676	1.19%
하이닉스	141,666	1.1%	기아차	159,105	1.22%	SK	181,178	1.19%
SK텔레콤	140,094	1.1%	KT&G	138,665	1.06%	기아차	169,037	1.11%
롯데쇼핑	137,375	1.1%	SK이노베이션	135,462	1.04%	삼성SDI	158,158	1.03%
우리금융	124,932	1.0%	LG생활건강	133,847	1.02%	삼성에스디에스	148,952	0.97%
삼성물산	123,256	1.0%	삼성화재	127,201	0.97%	삼성생명	146,800	0.96%
	12,459,225			12,729,926			15,221,895	

자료: Dataguide, 한국증권거래소

앞의 표는 한국의 시가총액 1위부터 20위까지를 구간별로 정리한 것이다(섹터별 비중 변화가 눈에 띄게 보이는 구간을 임의로 나눴다). 특정 기업을 높게 평가하고 폄하하려고 하는 게 아니라 단순하게 숫자로 어떤 변화가 있었는지를 보고자 하는 것이다. 한국 대표 IT 기업의 시가총액을 비교해보면 여기에서 1등주와 2등주에 투자한 결과가 어떻게 다를 수 있는지를 명확하게 파악할 수 있다.

1994년 삼성전자의 시가총액 비중은 약 4%였고 LG전자는 1.7%였다. 그런데 25년 뒤 삼성전자는 시가총액 비중 22%를 차지하며 1위에 등극했고 LG전자는 0.9%로 20위권 밖으로 밀려났다. 물론 최근에 LG전자는 전장(자동차 전기·전자 장비)이라는 신무기를 장착하고 주도주의 대열에 다시 동참했다.

1994년말 KOSPI 시가총액은 약 140조에 불과했으나 2019년 말에는 약 1500조를 돌파했다. 단순히 계산해보면 25년 동안 시장 규모가 약 10.7배 증가한 것이다. 이 기간에 어떤 기업은 시가총액 비중이 5.5배 증가하면서 주가가 55배 상승했고, 또 다른 기업은 시가총액이 1/2로 줄어들면서 5배 증가에 그친 것이다. 초기에 잘 될 산업을 파악하고, 그 산업의 1등 기업에 투자한 것과 아닌 것의 결과값이 이렇게 다른 것이다.

투자의 질 또한 다르다. 1등주를 가진 투자자는 마음이 편하다. 단지 이것보다 더 좋은 주식이 있는지만 판단하면 되는데, 2등주를 가진 투자자는 1등주를 부러워하면서 자신이 가진 주식을 다시 한

번 판단해야 한다. 또 수익률을 따라잡기 위해 다른 베팅을 할 가능성도 있다. 한두 번 실패가 동반되면 전체적인 매매가 다 꼬여서 1등주 투자자가 승수효과를 얻고 있는 동안 본인은 심신이 피곤한 투자를 하게 된다.

따라서 주식을 살 때 주도주가 뭔지 파악했으면 그 주식을 사는 것이 맞다. 그럼에도 불구하고 많은 투자자들이 대장주의 상승률과 주당 가격(절대가격)에 부담을 느껴서 2등 주식이나 동일 산업 내에서 주당 가격이 싼 주식을 사는 우를 범하게 된다. 한 번에 제대로 된 제품을 사는 게 맞듯이 주식도 그렇게 투자하자.

SUMMARY

- 시대의 1등주에 투자하라! 투자의 질이 달라진다.
- 시대의 1등주 투자자는 승수효과를 만끽할 수 있다.
- 결국, 대장주가 답이다.

17

과거 데이터로
지금 성장할 산업을 찾아라

지금까지 돈의 흐름과 주도산업을 파악해서 실적이 잘 나오고, 좋은 밸류에이션을 받을 수밖에 없는 '시대의 1등주'에 투자하면 차별화된 성과에 도달할 수 있을 것이라는 어떻게 보면 당연한 내용을 길게 정리했다. 그렇다면 '그 시대의 1등주는 어떻게 찾을 것인가?'라는 질문으로 자연스럽게 연결될 것이다. 사실 성장 산업을 찾는 방법은 다양하다. 정성적으로는 우리의 생활상에서의 변화, SNS, 구글링, 언론에서 회자되는 소재거리나 테마 등에서 찾는 방법이 있을 것이다. 정량적으로는 산업구조의 변화, 수출입 데이터 등 각종 매크로 지표들과 기업 실적 등에서 확인할 수 있을 것이다.

만약 우리가 특정 변화를 펀더멘털과 결합해서 발견하지 못하면 작전주, 테마주로 평가절하될 가능성이 커진다. 테마주는 일반적으로 안정적인 수익을 가져다줄 확률이 낮다. 테마주로 수익이 나면 단기적으로 운이 좋았다고 해석하는 게 맞다고 생각한다. 테마가 만들어지고 있다는 것을 인지하는 순간은 이미 어느 정도 주가가 상승했을 가능성이 높기 때문이다. 단기간에 상승세가 만들어진 상황에선 이를 쫓아가느냐 마느냐의 선택으로 귀결되며, 높은 가격대에서의 매수는 높은 변동성을 동반하면서 투자자를 견딜 수 없게 만든다.

그렇다면 자극적인 요인에 현혹되지 않으면서 장기 투자하기에 좋은 섹터를 찾아내는 방법은 무엇일까? 필자는 지금까지 다음의 섹터별 장기 시계열 추이 표(122~123쪽)를 이용하여 찾아왔는데 의외로 간단하지만 큰 성과를 안겨다 주었다. 사실 이 표는 필자가 처음으로 롱숏 펀드(Long-short fund)를 운용할 때 활용했던 방법이다. 되는 산업과 안 되는 산업을 찾아내서 성장하는 산업은 롱 포지션으로, 쇠퇴하는 산업은 숏 포지션으로 구축하는 방법을 강구하다가 찾은 것이다. 물론 소개한 표를 이용해서 단기

롱숏 펀드

롱 전략과 숏 전략을 동시에 구사하는 펀드를 말한다. 롱 포지션은 주가가 오를 것으로 예상할 때 주식을 사서 보유하는 것이고, 숏 포지션은 반대로 주가가 내려갈 것으로 예상할 때 없는 주식을 빌려서 팔고 되갚지 않는 상태를 말한다. 숏을 하면 주가가 떨어지는 상황에서도 이익을 볼 수 있다. 뒤에 언급될 '공매도'는 숏 포지션과 같은 의미다.

섹터별 장기(20년) 시계열 추이

대분류	중분류	2000년			2005년		
		한국	미국	한국-미국	한국	미국	한국-미국
에너지	에너지	0.00	5.07	-5.07	3.00	9.72	-6.71
소재	소재	6.80	2.05	4.75	6.69	2.98	3.71
산업재	자본재	2.95	8.74	-5.79	8.67	8.78	-0.11
	상업서비스	0.52	1.46	-0.95	0.28	0.81	-0.53
	운송	0.61	0.83	-0.23	0.72	1.41	-0.69
경기 소비재	자동차·부품	2.82	1.13	1.69	9.73	0.49	9.24
	내구소비재·의류	1.13	0.70	0.43	3.44	1.45	1.98
	소비자 서비스	0.12	0.88	-0.76	0.71	1.94	-1.23
	유통	0.76	4.88	-4.12	0.39	4.36	-3.97
필수 소비재	식품·식품소매	0.00	1.20	-1.20	2.03	2.48	-0.44
	음식료·담배	1.50	4.00	-2.50	2.92	4.52	-1.60
	가정 및 개인용품	0.00	1.92	-1.92	0.74	2.32	-1.58
건강 관리	건강관리 장비·서비스	0.07	2.62	-2.55	0.00	5.48	-5.48
	제약·생물공학	0.20	12.41	-12.21	0.36	7.64	-7.28
금융	은행	8.08	4.90	3.19	14.51	7.81	6.70
	다각화 금융	3.98	6.63	-2.65	3.64	8.03	-4.40
	보험	1.18	4.06	-2.88	1.55	4.74	-3.19
부동산	부동산	0.00	0.00	0.00	0.00	1.41	-1.41
IT	소프트웨어	0.79	8.76	-7.98	1.67	6.19	-4.52
	하드웨어	25.53	17.03	8.51	3.32	7.25	-3.93
	반도체	0.00	0.00	0.00	28.15	3.50	24.65
통신 커뮤케이션	통신 커뮤니케이션	32.19	7.19	25.01	4.40	3.18	1.21
유틸리티	유틸리티	10.77	3.53	7.24	3.07	3.50	-0.42

2010년			2015년			2020년		
한국	미국	한국-미국	한국	미국	한국-미국	한국	미국	한국-미국
3.08	12.47	-9.39	2.33	6.54	-4.21	1.51	2.36	-0.85
13.44	3.92	9.52	7.78	2.95	4.83	7.70	2.92	4.79
14.58	8.49	6.09	8.57	7.42	1.15	5.91	6.03	-0.12
0.16	0.70	-0.55	0.61	0.81	-0.20	0.18	1.10	-0.92
1.41	1.81	-0.40	0.94	1.61	-0.67	0.76	2.08	-1.32
11.57	1.10	10.48	11.07	1.21	9.86	6.73	1.45	5.28
2.38	1.11	1.26	1.95	1.54	0.41	2.34	1.30	1.04
0.47	2.06	-1.59	0.86	2.17	-1.32	0.28	1.80	-1.52
1.09	3.93	-2.85	1.39	5.72	-4.33	0.75	9.19	-8.45
1.35	2.37	-1.02	1.08	2.38	-1.30	0.54	1.64	-1.11
1.67	5.79	-4.12	3.67	5.71	-2.04	2.05	3.89	-1.84
1.13	2.49	-1.36	4.91	2.03	2.88	2.52	2.10	0.42
0.00	3.98	-3.98	0.00	5.15	-5.15	0.85	7.36	-6.52
0.50	7.59	-7.09	1.86	10.51	-8.65	6.77	8.46	-1.69
10.16	2.99	7.17	7.51	6.23	1.28	5.40	3.71	1.68
2.67	7.51	-4.84	1.57	4.59	-3.02	1.30	4.90	-3.60
2.57	3.57	-1.00	4.21	3.12	1.10	1.65	2.24	-0.58
0.00	1.90	-1.90	0.00	3.22	-3.22	0.00	0.00	0.00
2.06	9.44	-7.37	5.21	12.96	-7.75	0.97	17.31	-16.33
3.81	7.42	-3.61	28.62	6.10	22.52	44.40	9.49	34.91
21.91	2.73	19.18	2.87	2.50	0.37	5.22	5.36	-0.14
2.56	3.26	-0.70	0.81	2.53	-1.71	1.46	2.05	-0.59
1.43	3.36	-1.93	2.17	2.99	-0.82	0.71	3.27	-2.56

자료: MSCI

(1~2개월)의 변화를 찾아내지는 못하겠지만 연간 단위 또는 더 긴 기간의 의미 있는 섹터의 변화와 시대의 흐름을 인지할 수 있게 될 것이다.

앞의 표는 MSCI 기준으로 섹터를 분류하고 2000년부터 5년 단위로 섹터의 비중 변화를 표시한 것이다. 단순하게 두 나라간 섹터 비중을 확인하기 위해 한국 비중에서 미국 비중을 차감했다. '+'는 한국 비중이 많은 섹터이며, '−'는 미국 비중이 많은 섹터다.

개별적인 비중의 절대 레벨 추이를 살펴보면 갑자기 숫자가 크게 바뀌는 순간이 있다. 이때는 한 번 내용을 살펴봐야 한다. 대부분은 섹터를 분류하는 기준이 바뀌면서 숫자가 바뀌는 경우일 것이지만, 전 세계적인 사건이나 산업의 이슈로 인해서 비중이 급증할 수도 있으니 내용을 확인하는 과정을 꼭 거쳐야 한다.

두 나라 모두 시가총액은 계속 증가했기 때문에 섹터의 비중이 유지되기만 해도 성장은 했다는 것이고, 섹터 비중이 증가했다는 것은 시장 성장률보다 많이 성장했다는 뜻이다. 그리고 한국의 비중이 커지면서 미국과의 차이가 작아진 섹터('한국−미국' 값이 작아진 섹터)는 한국에서 의미 있는 성장을 해서 미국(선진국)과 비슷한 구조로 시가총액 구조가 바뀌었다는 것을 의미한다.

섹터의 비중 변화를 좇으면
성장하는 산업이 보인다

한국의 경우 IT 섹터의 비중 증가는 지속적으로 성장하는 추세를 보였다. 한국의 수출 구조상 그런 것이지만, 그럼에도 지속적인 비중의 증가가 눈에 띈다. 2019년부터 본격화되고 있는 '4차 산업혁명'이라는 수요처를 생각해보면 증가하는 이유가 쉽게 납득될 것이다.

건강관리 섹터를 보면 2000년에 한국의 비중은 2개 카테고리의 총합이 0.27%에 불과했으나 2020년에 7.62%까지 상승했다. 섹터 비중이 20년간 28배 이상 상승했다는 의미인데, 이러다 보니 당연히 이 섹터에서 텐 배거가 탄생했다. 쉽게 말해서 초대박 종목이 나오는 섹터였던 것이다. 특히 제약·바이오 섹터는 최초의 약(First in class)이거나 약효가 가장 좋은 약(Best in class)이 되면 산업을 지배할 수 있고, 거액의 매출이 발생할 수 있다는 기대감이 있어 이에 대한 가능성만 생겨도 주가가 급등하는 성향이 있다. 완벽한 모멘텀 주식인 것이다. 따라서 시세의 급등이 손쉽게 발생한다.

소재·산업재, 자동차 섹터에서는 '차화정 시대'로 불렸던 구간에서 비중이 급증했다가 이후로 감소하는 모습을 볼 수 있다. 이처럼 20년간 장기 시계열 추이를 살펴보면 성장하는 산업뿐만 아니라 쇠퇴하는 산업도 파악할 수 있다. 시가총액이 전체적으로 성장하는

데도 섹터 비중이 감소하는 산업은 실적 모멘텀도 제공하지 못하고 밸류에이션도 자연스럽게 떨어진다. 따라서 주가가 하락할 때 수익을 얻는 공매도 전략에도 도움이 된다.

어찌 되었든 이렇게 흐름을 파악할 때 가장 좋은 것은 자료의 시계열을 잘 파악해보는 것이다. 매크로 자료들은 IMF, Worldbank, 한국은행, 산업통상자원부 등 글로벌 금융기관이나 협회 등의 홈페이지에서 얻을 수 있다. 데이터를 단순하게 표현하고 직관적으로 해석할 수 있게 만들어놓으면 두고두고 활용할 수 있는 나만의 분석도구가 될 것이다.

> **공매도**
>
> 보유한 주식이 없는 상태에서 주식을 빌려 매도 주문을 먼저 내는 전략을 공매도라고 한다. 주가가 높을 때 먼저 팔고, 나중에 주가가 떨어지면 싼 값에 주식을 사서 주식 대여자에게 돌려주는 방법으로 주가가 하락할 때도 이익을 낼 수 있다.

시계열 정보를 제공하는 사이트들

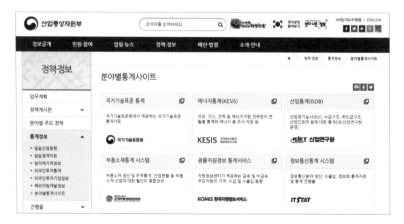

숫자가 바뀌는 포인트를 찾아내서 기준의 변화와 같은 일시적인 이슈인지, 아니면 산업의 성장이 동반되는 구조적인 변화인지를 판가름하는 것이 가장 중요하다. 구조적인 변화라고 판단되는 산업이라면, 이 섹터에서 가장 중요한 요인을 찾고 그것을 명확하게 가진 기업에 투자하면 된다. 만약 해당 산업의 밸류체인을 머릿속에 넣고 있다면, 종목을 발견하고 대응하는 속도 또한 빨라질 것이다.

섹터 비중의 변화를 해석할 때도 표 하나만 두고 생각할 것이 아니라 앞서 정리했던 돈의 흐름, 시대의 1등주, 시가총액의 구성 등과 연관 지어 해석해본다면 확신의 정도가 더 강해질 것이다.

SUMMARY

- 변화의 증거를 가능한 긴 시계열의 자료에서 찾아라.
- 변화의 원인을 파악하라. 일시적인지, 데이터 집계상의 변화인지, 산업의 변화인지를 파악하는 것이 중요하다.
- 섹터의 변화를 찾아내면 종목 선택은 쉬운 문제가 된다.
- 펀드매니저가 리서치를 할 때 톱다운(섹터 분석)부터 시작하는 것은 바로 이러한 이유 때문이다.

18

성장률 0% → 무한대로 키워가는 '신산업'

앞에서 섹터의 성장세를 파악했다면 이제는 그중에서도 최강 섹터를 가려내야 한다. 투자의 특성상 내 마음에 드는 것을 전부 살 수는 없다. 아무리 돈이 많아도 마찬가지다. 필자도 1조 원을 운용할 때나, 100억 원을 운용할 때나 '왜 돈이 모자랄까……' 하는 생각이 항상 따라온다. 주력이라고 판단한 종목으로 포트폴리오의 비중을 채우다 보니 나머지는 조금씩 살 수밖에 없는데 좋아 보이는 종목이 한두 개가 아니기 때문이다. 그래서 결국 투자할 돈이 모자란다고 느끼게 된다.

투자금의 한도가 정해져 있기도 하지만 기회비용도 중요하다.

같은 기간에 조금 더 많은 수익이 날 수 있고, 같은 금액으로 조금 더 빨리 수익을 창출해서 자금을 회수할 수 있는 주식을 선택하려는 것은 당연한 일이다. 그래서 우리는 최강자를 찾게 된다.

앞에서도 몇 번 언급했지만 주식이라는 것은 성장(Growth) 싸움이다. 아무리 좋은 기업이라도 좋은 주식이 아닐 수 있다. 예를 들어 항상 안정적으로 매 분기 100억 원씩, 연간 400억 원의 영업이익을 꾸준히 내는데, 성장률이 한 자리대라면 그 주식은 적정 가치를 유지하는 면에서 하방 경직성은 강할 것이지만 상승 탄력은 약할 것이다. 투자자에게 성장이라는 모멘텀을 제공하지 못하기 때문이다.

성장 모멘텀의 단적인 예로 바이오 섹터를 들 수 있다. 매출이 없는데 연구 비용이 발생해 수십억씩 영업이익 적자를 기록하는 기업의 시가총액이 수천억부터 조 단위까지 순식간에 급등한다. '이약이 나오면 대박'이라는 생각이 성장 모멘텀을 '0'에서 '무한대'까지 끌어올리기 때문이다. 그래서 최강 섹터는 개화하는 신산업에서 나올 수밖에 없다. 다음 표와 같이 각국의 수출 데이터나 산업부의 자료를 통해서 다시 한번 검증하는 절차를 거친다면 우리는 최강자를 선점할 수 있을 것이다.

다음 표는 산업통상자원부에서 집계하는 산업별 수출 비중을 2010년부터 정리한 것이다. 눈에 바로 보이는 것은 쭉 빈칸이다가 2019년부터 수치가 표시되는 2개의 산업인 '2차전지'와 '제약·바이

산업통상자원부 산업별 수출 비중(단위: %)

	무선통신·부품	선박	철강	석화	반도체	자동차	자동차부품
2010	5.9	10.6	6.2	7.7	10.9	7.6	4.1
2011	4.9	10.2	6.9	8.2	9.0	8.2	4.2
2012	4.2	7.2	6.8	8.4	9.2	8.6	4.5
2013	4.9	6.6	5.8	8.6	10.2	8.7	4.7
2014	5.2	6.9	6.2	8.4	10.9	8.5	4.7
2015	6.2	7.6	5.7	7.2	11.9	8.7	4.9
2016	6.0	6.9	5.8	7.3	12.6	8.2	5.2
2017	3.9	7.4	6.0	7.8	17.1	7.3	4.0
2018	2.8	3.5	5.6	8.3	20.9	6.8	3.8
2019	2.6	3.7	5.7	7.9	17.3	7.9	4.2
2020	2.6	3.9	5.2	6.9	19.3	7.3	3.6

오'다. 집계가 안 될 정도로 미미하다가 2019년 이후 1% 중반으로 집계되면서 성장세가 나타나고 있다. 다시 한번 강조하지만 0.1%의 수치가 1%가 되면 10배 성장한 것이다. 초기일수록 주식이 좋아하는 '성장'은 강하게 나타난다.

2차전지 산업은 전기차의 본격화에 따라 수치가 증가하고 있다. 제약·바이오 산업은 바이오시밀러(비슷한 효능의 복제약)를 중심으로 성장하다가 10년, 20년 동안 연구개발을 해오던 한국 바이오 기업들의 결과물들이 본격적으로 도출되면서 수치가 증가하고 있다. 여

정유	2차전지	제약·바이오	컴퓨터	가전	섬유	디스플레이	전체 수출
6.8	-	-	2.0	2.8	3.0	6.4	100
9.3	-	-	1.7	2.5	2.9	5.0	100
10.2	-	-	1.5	2.3	2.9	5.1	100
9.4	-	-	1.4	2.7	2.9	4.6	100
9.0	-	-	1.3	2.5	2.8	4.4	100
6.1	-	-	1.5	2.4	2.7	5.6	100
5.3	-	-	1.7	2.3	2.8	5.1	100
6.1	-	-	1.6	1.5	2.4	4.8	100
7.7	-	-	1.8	1.2	2.3	4.1	100
7.5	1.4	1.7	1.6	1.3	2.4	3.8	100
4.7	1.5	2.7	2.6	1.4	2.2	3.5	100

자료: 산업통상자원부

기에 2020년 코로나19로 인한 진단 키트 등과 같은 추가적인 수주들이 더해지면서 이후의 성장에 대한 가능성을 더 높여주고 있다.

이 2개의 산업은 성장률이 '0%'에서 시작해서 언제까지 성장할지 모르는 '무한대 성장'의 모멘텀을 제공하고 있으므로 시장이 가장 좋아할 요건을 갖추었다. 그래서 최근 2년간 주도주의 역할을 하면서 한국의 'BBIG' 중에서 'BB' 자리를 책임지고 있는 것이다. 2차전지의 밸류체인, 개별 바이오 기업들의 주가를 보지 않더라도 충분히 공감할 수 있는 부분이다. 따라서 향후에도 이러한 모습을 보이는 산업이 등장한다면 그 순간부터 그 산업이 대장주가 될 것이므로 항상 이러한 변화를 찾는 데 집중해야 한다.

물론 그렇지 않은 산업이라고 해서 성장을 하지 않는다는 말은 아니다. 앞서 전체 규모가 성장을 한다면 비중이 유지되어도 성장을 하는 것이라고 말했다. 비중이 증가한다는 것은 성장을 주도한다는 점에서 부각되는 차별성이다. 여기에서 밸류에이션이 높아지는 레벨 업 현상이 나오기 때문에 주식 투자를 할 때는 이 개념을 철저하게 적용해보는 것이다.

오래된 산업이라도 단기 투자로 성과를 낼 수 있는 소사이클에 접어들지는 않았는지, 신규 산업이라면 그 속도가 얼마나 빠르게 상승하는지를 짚어보면서 주도 산업의 순서를 정해보는 것이 투자에 크게 도움이 될 것이다.

SUMMARY

- 최강자를 최우선으로 투자하자. 자금력, 기회비용 측면에서 효율적이다.
- 좋은 기업보다는 좋은 주식을 사는 데 자원을 투입해야 한다.
- 신산업이 있다면 가장 큰 모멘텀을 제공할 것이다. '0'에서 '무한대'로 성장하는 기업이 가장 큰 모멘텀을 제공한다.
- 산업은 사이클이 있으므로 항상 변화에 관심을 가지자.

19
주도주 정체 구간에서는
대안주로 극복

지금까지와는 조금 다르게 1등주가 아닌 대안주 찾기에 대해서 정리해보고자 한다. 우리에게 중요한 것은 결국 '투자할 주식'인데 아무리 주도주라고 해도 1년 365일 쉬지 않고 상승하지는 않는다. 주도주가 쉬는 구간이나 시장이 리스크오프(Risk off)에 진입할 때를 대비해 차선책으로 후보군을 가지고 있는 것이 필요하다. 주도주로 어느 정도 차익을 실현하고 대안주로 갔다가 주도주가 기력을 회복하면 다

> **리스크오프**
> 리스크온(Risk on)의 반대 개념이다. '위험에서 벗어난다'는 의미로 시장이 악재에 민감하게, 호재에 둔감하게 반응하는 국면을 뜻한다.

시 주도주에 투자할 수도 있다. 펀드매니저는 이를 '바벨 전략'이라고 하는데 바벨처럼 무게 중심을 한쪽으로 기울였다가 시기에 맞게 반대쪽으로 기울인다는 의미로 투자의 비중을 조정한다는 뜻이다.

앞에서 언급되었지만 1등주가 아니었던 종목 중 수치가 개선되는 종목들은 대안주의 후보들이다. 왜냐하면 성장은 계속되고 있고 산업은 사이클을 반복하기 때문이다. 산업의 구조조정과 기업의 대응력이 맞아떨어지는 시점에서는 다시 주도권을 가져갈 '턴 어라운드(Turn around)'라고 불리는 이익 반등이 시작되기 때문이다.

그럼 대안주는 어디서 찾을 것인가? 필자가 좋아하는 표현은 아니지만 초보투자자들이 이해하기 쉽게 성장주, 가치주로 설명해 보려고 한다. 성장주가 쉬는 구간에서는 각 산업에서 더디지만 꾸준히 제 역할을 하고있는 가치주가 매력적이다. 저평가된 상태라 매력적이고 성장주와 비교했을 때 상대적으로 좋은 결과를 가져다준다. 반대로 성장주에 집중되는 구간에는 가치주가 소외된다. 극단적인 예는 바이오 주식에 집중 투자했다가 바이오가 쉴 때 철강주를 사는 그런 구조라고 보면 될 것이다.

물론 대안주도 실적이 나오고 저평가된 주식을 사야 한다. 정상적인 펀더멘털과 밸류에이션을 가진 것이 전제 조건이다. 성장주가 희망이 섞인 강력한 성장 모멘텀을 제공한다는 측면에서 소위 가치주라고 불리는 주식들은 성장주보다 열위에 있다. 매매를 하다 보면 상대적으로 매력도가 낮아 매수 버튼을 누르기가 망설여지는(손이 잘 안 나가는) 종목일 수 있으나, 모멘텀에 대한 가중치를 조금만 낮춰주면 그래도 꾸준하고 망하지는 않는다는 생각에 편하게 살 수 있는 종목들이 많다. 물론, 기대 수익률과 화끈한 주가 퍼포먼스에 대한 기대치도 낮춰야 하지만 말이다.

아래 그래프는 제조업의 전반적인 흐름을 보여주는 차트다. 사실 필자는 이 차트를 통해서 '제조업의 부활'을 주장하고 있다. 제일 밑에 있는 미국 재고를 보면 IT 버블, 리먼 브라더스 사태, 코로나19 등과 같이 글로벌 위기가 봉착했을 때 일시에 재고가 소진된 것

글로벌 위기 발생 시 제조업 주요 항목들의 변화

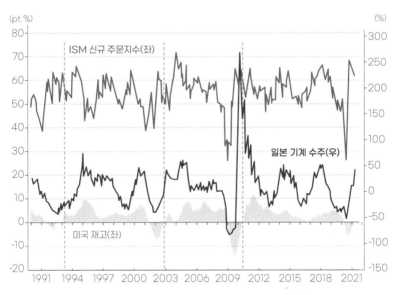

자료: FRED, Bloomberg

을 알 수 있다. 경제 위기가 발발하고 경제 활동이 정상적이지 못하다고 해도 사람이 먹고 쓰는 데는 기본적인 소요량이 필요하다. 생산이 없으면 당연히 재고는 순식간에 바닥을 보이고 말 것이다.

그런데 기본적인 소비 수요가 있는 제품은 생산 활동이 정상화되었다고 해서 단번에 정상 재고까지 회복하지는 못한다. 소비가 일어나는 양에 재고를 쌓을 수 있는 양까지 더해서 생산해야 정상적인 재고 수준까지 상승하게 되는데, 과거 패턴을 통해서 파악해본 바로는 2~3년 정도의 기간이 필요했다.

최근에 생산자물가지수(PPI)를 비롯하여 건화물선 운임지수(BDI), 철광석, 산업금속 가격 등 모든 것이 급등하는 현상을 보면 이를 설명할 수 있을 것이다. 생산시설이라는 것은 전쟁이나 화재 사고가 아니라면 붕괴되기가 어렵다. 그런데 이번 코로나19는 전쟁이 아니라 질병이었기 때문에 생산능력을 나타내는 절대규모(Capacity)에는 영향을 주지 않았다. 그런데도 생산시설에서 문제가 생기기 시작했다. 왜 그랬을까?

글로벌 교역이라는 측면에서 접근해보자. 코로나19가 발생하자 각 항만이 폐쇄되는 셧다운(Shutdown)에 들어갔다. 그러다 보니 하역이 안 되고 각종 물건들이 배와 컨테이너에 실린 상태에서 그대로 쌓이기 시작했다. 자연스럽게 선주문이 생기고 사재기 현상이 발생하면서 원자재 가격이 상승하고 이것이 제품 가격 상승으로 이어지는 결과를 초래했다. 그러다가 셧다운이 풀리고 정상적인 항만 하역이 시작되지만 적체는 해소되지 않았다. 하역에 필요한 크레인이라든지, 항만 입항 절차 등에 대한 물리적인 수용 능력이 정해져 있는 데다가 여기에 신규로 발생하는 교역이 덧붙여졌기 때문이다. 건화물선 운임지수가 급등하고 컨테이너 부족 사태가 발생하고 컨테이너, 벌크선 등 신조 발주가 나오기 시작하는 이유이다.

결국 특정 충격이 공급과 수요에 영향을 주게 된다. 시간이 지나면서 누적되던 '수요'가 폭발하기 시작하면서 제조업의 부흥에 영향을 주는 것이다. 여기서 기존 산업의 수요가 과거보다 강해지면 전통산업이더라도 소사이클에 진입하게 되는 것이다. 이때는 아무리 잊혀진 철강, 화학 등의 섹터라고 하더라도 제조업의 부활에 대한 가능성을 염두에 두고 시장을 지켜봐야 할 것이다. 이런 게 바로 '확실한 대안주'의 등장이다.

이 부분에서 꼭 강조하고 싶은 것이 있다. 대안주는 대부분 가치주로 불리는 섹터다. 앞에서 설명한 대로 가치주는 구조적인 이유로 실적이 성장한다. 즉, 실적 증가라는 모멘텀이 있기 때문에 주가가 상승한다는 것이다. 따라서 대안주라고 해도 역시 실적 성장주를 사야 한다. 자연스럽게 펀더멘털에 기반한 투자로 이어지는 것이다. 앞서 '시대의 1등주에 투자하자'는 내용에서 과거 산업재 성장기에 포스코가 주도주 역할을 하면서 보여줬던 주가의 상승력이 이를 증명하며, 2021년에 돌아온 포스코의 주가 상승 역시 이를 증명한다고 생각한다.

장기간 고난의 행군을 했던 산업에서 수요가 발생하면 강하게 회복하면서 호황 국면으로 빠르게 진입하게 된다. 침체 기간 동안 기업 간 경쟁을 통해 공급기업이 자연스럽게 구조조정되어 생산 시설이 부족한 상태이기 때문이다.

앞서 그래프에서 중간에 있는 일본 기계 수주 추이도 재고 그래프와 비슷한 흐름을 보여주고 있다. 신규 산업이 없으면 신규 설비 투자에 대한 수요가 적어지는 것이므로 신규 공장에 투입되는 정밀 기계 등의 수요가 감소한다. 일본 기계 수주는 대부분이 정밀 공작기계라 신규 생산설비에 대한 수요를 간접적으로 파악해 볼 수 있는데 일본 기계 수주 역시 코로나19 국면에서 가파르게 상승하는 모습을 볼 수 있다. 어디인지는 모르겠지만 신규 설비 투자가 있다는 것이다.

일본 기계의 수출 지역을 보면 이 또한 앞에서 설명했던 각종 데이터와 일맥상통하게 되는 점을 파악해 낼 수 있다. 일본 공작 기계의 수출은 광산이 많은 호주, 브라질 등의 자원 국가다. 2차전지 업체들이 동박 공장을 대규모로 증설하고 있는 말레이시아, IT가 많은 한국, 대만, 중국으로의 수출이 증가한다면 이 또한 성장하는 산업을 파악하는 데 도움이 된다.

이렇게 기존 산업의 기본적인 수요에 더한 재고보충수요 (Restocking)와 기존에 없던 신규 산업의 제품 수요가 합쳐지면 제조업의 신규 주문지수는 역사적 신고가 수준의 강세로 표출될 것이다. 이는 자연스럽게 제조시설이 많은 국가들의 수출 강세로 이어질 것이며, 관련 기업의 실적 증가로 이어지게 된다. 2차전지를 대표하는 기업은 LG화학, SK이노베이션, 삼성SDI 등이며, 동박 업체는 SKC 등이 대표적이다. IT 기업은 일반적인 반도체 업체들이라고 생각하면 된다. 포스코나 롯데케미칼 등 잊혔던 소재 산업재 주식이 신고가를 낸 것도 같은 이유에서다.

이런 주식들의 또 다른 장점은 대형주라는 것이다. 대형주는 다른 종목에 비해 하락 변동성이 상대적으로 적기 때문에 마음 부담이 적다. 무엇보다 우리가 이미 알고 있거나 지인들이 많이 근무하는 기업이 뉴스나 분석 자료 등 정보의 접근성이 좋다. 그래서 마음 편한 투자가 될 수 있다. 물론 앞서 말했듯이 기대치는 조금 더 줄여야 좋을 것이다.

SUMMARY

- 주도주가 보유기간 내내 상승할 수는 없다. 따라서 대안이 필요하다.
- 대안주도 펀더멘털에 입각해서 찾아야 한다. 실적 성장주는 항상 있다.
- 주도주와 대안주를 적절히 활용하며 균형을 맞추는 대응을 바벨 전략이라고 한다.

20

사이클을 알면
차익 실현 타이밍이 보인다

지금까지는 구조적인 변화를 감지함으로써 우리가 적극적으로 투자해야 하는 산업과 대장주를 찾는 방법에 대해서 서술했다. 이러한 펀더멘털 요인에 집중하면 투자의 근본이 탄탄해지기 때문에 성과는 자연스럽게 좋아질 확률이 높아진다.

하지만 우리가 판단했던 것들이 시기적으로 맞아떨어지지 않으면 아무리 논리적으로 전략을 잘 세우고, 산업과 종목을 잘 선택하더라도 수익이 나지 않을 수 있다. 그래서 타이밍을 찾는 것인데 모멘텀이 가장 강력하게 작동하는 때가 바로 그 타이밍이다. 이를 차트를 예로 들면서 설명해보고자 한다. 다음 그래프는 중국과 한국의 월별 수출액과 수출 증감률을 표시한 것인데 한눈에 봐도 중국과 한국의 월별 수출액이 역사적 최고점을 향해 올라가고 있는 것을 알 수 있다. 두 가지 수치가 조금 올랐다고 해서 무조건 그 타이밍이 온 것은 아니므로 다음에 나올 내용에 유의해야 한다.

중국과 한국의 월별 수출액과 증감률 추이

중국 수출액과 증감률

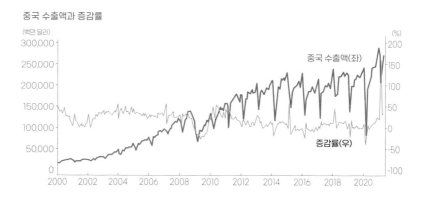

한국 수출액과 증감률

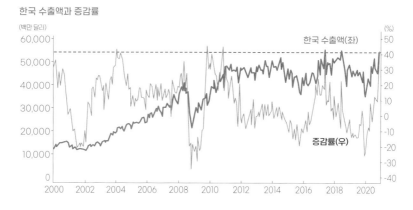

자료: Bloomberg, 관세청

많은 분석 자료에서 YoY(Year on year) 증감률을 보여주는데 자칫 잘못하면 YoY 증감률에 현혹되기 쉽다. 코로나19가 단적인 예를 보여준다. 2020년 2~3월 본격화된 코로나19로 주식시장이 침체되었으니 2021년 2~3월은 기저효과를 가지게 되면서 높은 성장률을 보이는 수치가 많아진다. 증감률은 높은데 실제 절대금액은 과거의 평균값 이하일 수도 있고 회복된 수준일 수도 있는 것이다. 따라서 증감률과 절대금액을 같이 봐야 그 수치의 의미를 제대로 파악할 수 있다.

앞에서 언급한 '제조업의 부활'은 대표적인 제조업 국가인 중국, 한국의 수출액 추이에서 증명되고 있다. 사실 경기가 개선되면서 제조업 국가의 수출액이 증가한다는 것 하나만으로도 시장에는 우호적인 이슈다. 따라서 우리는 모멘텀을 찾을 때 변곡점과 절대수치를 꼭 확인해야 한다.

변곡점은 YoY, QoQ 증감률의 의미 있는 변화에서 나타나는 경우가 많다. 코로나19로 글로벌 교역이 중단되고 제조업 설비들도 셧다운에 들어가면서 수출액이 급감했다가 생산이 정상화되자 수출액 증감률에 반등이 나오기 시작했다. 바로 이때를 기저효과 구간의 진입이라고 하는데 긍정적인 데이터들이 나오면서 주가의 상승 모멘텀이 작용하는 것을 자주 볼 수 있다. 변곡점이 발생할 때가 앞으로 개선에 대한 기대감이 발생하는 초기 단계다. 앞으로도 꽤 오랜 기간 동안 밸류에이션이 개선되겠다는 희망을 주면서 주가의 상승을 이끌어가는 동력으로 작용하게 될 것이다.

한국의 월별 수출 증가율은 미국, 유럽, 일본, 중국을 대상으로 고르게 증가하면서도 안정적이다. 앞에서 했던 판단이 맞다고 증명되고 있는 것이다. 이렇게 데이터로 가정이 확인되는 과정을 거친다면 투자자로서의 흔들림을 줄일 수 있다. 혼란스러운 환경 속에서도 전략의 방향을 수립할 수 있게 도와준다.

이처럼 시간이 지나면 그 지점이 변곡점이었는지 아닌지를 확인할 수 있다. 매크로 데이터는 정기적으로 발표되기 때문이다. 변곡점 이후에 상승세가 유지된다고 해도 시장은 또 어느새 높아진 밸

한국의 월별 수출 증가율 (단위: %, YoY)

	2020년			2021년			
	10월	11월	12월	1월	2월	3월	4월
수출	-3.9	3.9	12.4	11.4	9.2	16.5	41.1
미국	3.2	6.4	11.5	46.5	7.8	9.2	43.0
유럽	-1.0	13.0	17.1	13.4	44.5	36.7	43.0
일본	-18.9	-11.9	1.6	-8.3	-3.3	-2.6	24.0
중국	-5.9	1.2	3.4	22.2	26.9	26.0	31.7
수입	-5.6	-1.9	2.2	3.6	14.1	18.8	33.9

자료: 산업통상자원부, FRED, Bloomberg

류에이션을 식상해하면서 주가의 상승 탄력이 떨어지기 시작한다. 그런데 어떤 지표든지 절대금액이 과거의 수치를 경신하기 시작하면 재평가라는 모멘텀이 작동하면서 재차 강세를 보이기 시작한다. 심지어 사상 최대치라는 수식어가 붙으면서 믿지 않았던 사람들조차 지금이라도 사야 한다며 매수세가 몰리는 현상도 발생하게 된다.

따라서 펀더멘털 다음에 모멘텀의 변곡점과 절대금액을 확인해야 한다. 그래서 적시에 투자를 하거나 또 반대로 적시에 차익 실현을 하도록 전략을 세워야 한다. 그리고 시간이 지나면 예측한 데이터 값이 나오고 있는지 확인해가면서 전략을 유지할지 수정할지 결정해야 한다.

SUMMARY

- 시장 모멘텀을 찾자. 데이터의 변곡점에서 시장의 모멘텀이 발생한다.
- 매크로, 산업 데이터를 지속적으로 업데이트하자.
- 데이터는 거짓말하지 않는다.
- 변곡점을 찾아 모멘텀에 투자하고 업데이트해서 전략의 기준을 세우자.

21
한 번 공부로 평생 써먹는
산업의 밸류체인 지도

언론 매체에서 '○○○의 밸류체인에 투자하라!', '○○○ 밸류체인의 핵심 주식은?' 같은 문구를 자주 접했을 것이다. 필자가 앞에서 '산업의 밸류체인이 머릿속에 있다면 빠른 대응이 가능하다'고 한 것처럼 말이다.

그렇다면 산업의 밸류체인이 무엇일까? 사실 어려운 내용은 아니다. 단어의 뜻 그대로 가치사슬을 의미한다. 하나의 산업은 여러 기업이 얽히며 시너지를 얻게 되는데 산업이 제품 및 서비스를 제공하기까지의 과정을 나열한 것이 바로 가치사슬이다.

펀드매니저가 처음으로 산업을 담당하게 되면 제일 먼저 공부하는 것이 바로 밸류체인이다. 산업의 주요 제품이 생산되는 과정을 공부하면서 밸류체인의 각 단계에 해당하는 기업을 정리하고, 이 기업들과 회의를 하면서 세부적인 업계의 흐름과 기술의 차별성 등을 파악한다.

단순한 예를 들어 표현하면 공부하는 순서와 출제될 문제를 잘 정리해 답지를 만드는 과정인 것인데, 사실 이게 전부라고 해도 과언이 아닐 만큼 중요하다. 산업이라는 것이 기술의 진화와 새로운 산업의 태동이라는 큰 변화가 아니고서는 좀처럼 밸류체인이 바뀌지도 않기 때문에 한 번만 숙지해두면 평생 활용할 수 있는 내용이기도 하다.

오른쪽 그림은 포털사이트에 밸류체인 이미지를 검색하면 나오는 화면을 가져온 것이다. 밸류체인이라는 이름답게 대부분의 그림이 순서도이거나, 산업이나 기술의 세부 카테고리별로 해당하는 기업들이 표시되는 도표다. 이렇게 밸류체인을 파악하고 나면 동물세계에서의 먹이사슬처럼 어느 영역의 단계가 이 산업을 지배하고 있는 것인지를 파악해야 한다.

149쪽 그림은 메리츠증권의 석유화학 기초 세미나 자료에 있는 여수국가산업단지의 계통도다. 학교에서 화학 시간에 배웠던 익숙한 용어들이 보기 좋게 정리되어 있고 각 기업의 생산능력도 들어가 있다.

이렇게 정리해두면 유가의 상승과 하락, 특정 제품의 공급 트러

밸류체인 검색 결과

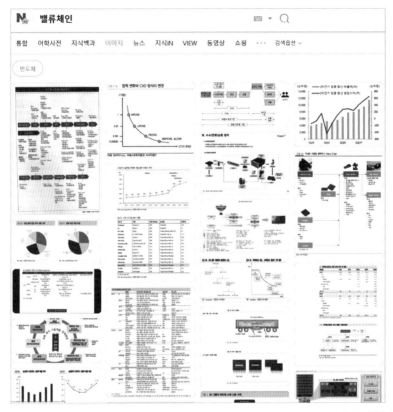

블 등에 따른 제품 스프레드(Spread; 제품과 원료의 가격 차)의 변화 등의 이벤트를 예상해볼 수 있다. 유가가 오르면 정유주가 좋고 유가 하락하면 원가가 개선되는 화학만 좋아진다는 막연한 개념이 아니라, 제품 간의 영향력을 판단하여 제품 스프레드를 예상하는 등

핵심 기업을 제대로 선택해서 공략할 수 있게 되는 것이다.

펀드매니저는 이렇게 기초를 쌓는 공부부터 시작한다. 결론적으로 밸류체인의 정리는 산업 공부의 답지가 된다. 석유화학 계통도처럼 산업마다 밸류체인을 정리하다 보면 주식 공부의 길을 알려주는 지도가 만들어진다. 지도가 있으면 당연히 공부도 효율적으로 할 수 있게 될 것이다.

물론 산업이 좋다고 해서 밸류체인의 전 과정이 모두 좋을 수는 없다. 강한 수요가 산업의 호황을 이끌어가는 것이라면 밸류체인의 전 과정이 좋을 확률이 높을 수 있지만, 그렇다 하더라도 기술적인 난이도에 따라 입장이 다를 수 있다. 또 밸류체인의 각 단계에는 다수의 기업이 존재할 수도 있고 극소수의 기업만 존재할 수도 있다.

그래서 우리는 독과점적 지위를 누리거나 반드시 필요한 기술을 가진 기업을 파악해내는 작업을 거쳐야 한다. 왜냐하면 바로 이 기업이 그 산업의 밸류체인에서 핵심 기업이며 주도주의 지위를 누릴 종목이기 때문이다.

증권 방송이나 자료들을 보면 '동종업계', '수혜주'라고 해서 하나의 표에 여러 종목을 보여주면서 실적과 밸류에이션을 비교하는 경우를 종종 접할 것이다. 바로 여기에 들어가는 종목들이 밸류체인상에서 위, 아래 또는 옆에 존재하는 기업들이기 때문에 이것이 답지라고 각 전문가들마다 보여주는 것이다.

필자가 인터넷을 검색해보니 산업별 밸류체인은 손쉽게 찾을 수

국내 여수석유화학단지 계통도

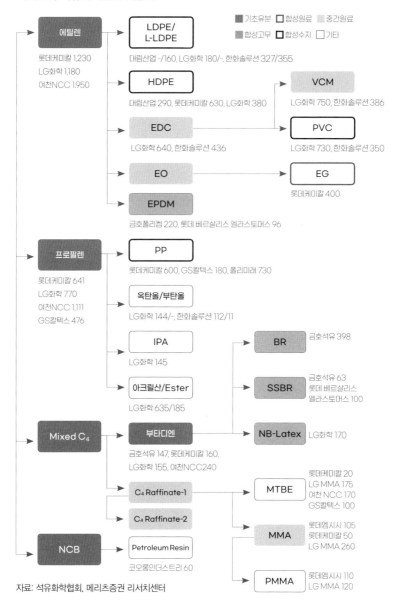

에틸렌
롯데케미칼 1,230
LG화학 1,180
여천NCC 1,950

LDPE/L-LDPE
대림산업 -/160, LG화학 180/-, 한화솔루션 327/355

HDPE
대림산업 290, 롯데케미칼 630, LG화학 380

VCM
LG화학 750, 한화솔루션 386

EDC
LG화학 640, 한화솔루션 436

PVC
LG화학 730, 한화솔루션 350

EO

EG
롯데케미칼 400

EPDM
금호폴리켐 220, 롯데 베르살리스 엘라스토머스 96

프로필렌
롯데케미칼 641
LG화학 770
여천NCC 1,111
GS칼텍스 476

PP
롯데케미칼 600, GS칼텍스 180, 폴리미래 730

옥탄올/부탄올
LG화학 144/-, 한화솔루션 112/11

IPA
LG화학 145

아크릴산/Ester
LG화학 635/185

BR
금호석유 398

SSBR
금호석유 63
롯데 베르살리스
엘라스토머스 100

NB-Latex
LG화학 170

Mixed C₄

부타디엔
금호석유 147, 롯데케미칼 160,
LG화학 155, 여천NCC240

C₄ Raffinate-1

C₄ Raffinate-2

MTBE
롯데케미칼 20
LG MMA 175
여천 NCC 170
GS칼텍스 100

MMA
롯데엠시시 105
롯데케미칼 50
LG MMA 260

NCB

Petroleum Resin
코오롱인더스트리 60

PMMA
롯데엠시시 110
LG MMA 120

범례: 기초유분 / 합성원료 / 중간원료 / 합성고무 / 합성수지 / 기타

자료: 석유화학협회, 메리츠증권 리서치센터

있을 뿐만 아니라 굳이 증권사의 자료를 어렵게 구하지 않아도 되겠다는 생각이 들 정도로 많은 자료들이 있었다. 인터넷 검색 결과만으로도 충분히 각 산업별 밸류체인을 정리할 수 있으므로 각자 자신만의 산업 지도를 만들며 공부하길 권한다.

SUMMARY

- 산업의 밸류체인을 익혀라! 이것이 답지다.
- 인터넷 검색만으로도 쉽게 찾을 수 있다.
- 밸류체인 중에서도 가장 중요한 단계와 기업을 찾아라! 그 기업이 핵심이다.
- 이 과정은 반드시 거쳐라. 한 번만 해두면 평생 활용할 수 있다.

22

1, 4, 7, 11월에는
실적을 확인하자

주식 투자를 하다 보면 확인해야 할 이슈들이 굉장히 많다. 그중에서도 단연 중요한 것은 기업 실적이다. 거시경제에서 중요한 일정은 매월 특정일에 발표하는 것이 대다수이며 기업 실적은 공시 규정에 따라 기업들이 발표일을 정해서 공시하게 되어 있다. 1~3분기는 분기가 끝나는 날로부터 45일 이내에 공시를 하고, 4분기는 연간 실적을 마감하는 것을 감안하여 90일 이내에 공시를 하게 되어 있다.

공시는 금융감독원이 운영하는 전자공시시스템에서 항시 확인할 수 있으며 일반적으로 대기업은 실적을 발표함과 동시에 기업활동(Investor relations, IR)을 통해서 실적에 대한 설명회를 병행한다. 통상적으로 분기 마감 후 1주일 정도 지나면 삼성전자가 잠정실적을 공시하면서 실적 시즌의 포문을 연다. 2~3주 이내에 대부분의 대기업이 실적을 발표하기 때문에 사실상 실적 시즌은 분기가 끝나고 30일 이내에 마무리 된다고 해도 과언이 아니다(물론 45일이라는 기한에 맞춰서 공시하는 기업들도 많이 있다). 이러한 패턴은 매 분기마다 반복되고 있다.

금융감독원이 운영하는 전자공시시스템(DART 홈페이지)

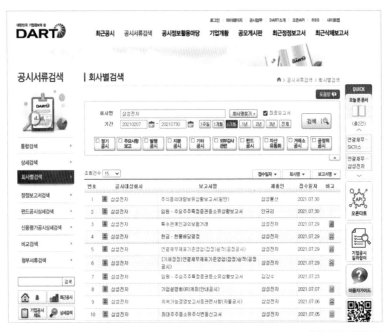

출처: 전자공시시스템

실적 시즌이라고 불리는 시기가 1월, 4월, 7월, 11월이므로 이 기간에는 기업들의 실적 발표에 집중해야 한다. 실적 발표 이전에 이미 증권사의 애널리스트들이 실적 프리뷰(Preview)를 통해서 기본적인 컨센서스(Consensus)가 만들어진다. 실적발표 일이 임박해지면서 정황상 컨센서스보다 좋은 실적이 나올 수 있거나, 그보다 못한 실적이 나올 수 있다고 예측되면 주가의 변동성이 커지게 된다. 실적이 발표된 이후에도 주가의 변동성은 여전히 높은데, 컨센서스 충족 여부 및 실제 발표 내용에 대한 분석을 통해 실제 값을 평가해 피크아웃, 보텀아웃 등의 현상이 나오기 때문이다.

> **컨센서스**
> 구성원들의 일치된 의견이라는 뜻으로, 주식시장에서는 애널리스트들이 분석한 시장, 산업, 종목에 대한 평균적인 목표가격(예측치)을 의미한다. 프리뷰 자료에는 산업별 컨센서스가 어느 정도 수준인지를 작성하는데 증권사마다 해당 섹터를 담당하는 애널리스트의 예측치를 모아 자료로 발간한다.

다음의 그래프는 KOSPI의 고객예탁금 추이를 그린 것이다. 실적 발표 시즌에 고객 예탁금이 단계적으로 증가되는 일관된 패턴이 보이는데 코로나19 이후로 유독 더 뚜렷하게 보인다. 유동성은 한번 자극을 받으면 계속해서 그 자극을 받기 위해 쏠리는 현상이 나타나는데 이 또한 동일한 사유라고 판단된다. 코로나19 사태에도 불구하고 지속적으로 호실적을 발표하는 기업들이 유동성을 유입시키고 있는 것이다. 물론 실적이 잘 나오면서 시장 전체적인 상황도 도와줘야 하고, 유동성도 풍부해야 하지만 시장의 구조가 전체적으로 유지된다면 이런 현상은 지속될 것이라고 판단된다.

　이런 자료를 통해서 전체적인 실적의 분위기, 개별 기업들의 상황 등을 업데이트하면 큰 도움이 된다. 3개월마다 주기적으로 발생하는 이벤트이기 때문에 단순하고 일상적으로 보여질 수 있으나 매우 중요한 작업이기도 하다. 여의도에서 근무하는 펀드매니저와 애널리스트들이 푸념처럼 하는 말이 있는데 '돌아서면 실적 시즌'이라고 할 만큼 실적 발표 마무리를 하고 나면 어느새 새로운 분기를 프리뷰해야 하고, 프리뷰를 하다 보면 또다시 실적 시즌에 진입해야

실적 발표 시즌에 늘어나는 KOSPI 고객예탁금

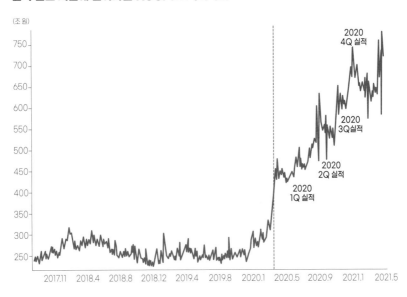

하는 상황을 표현한 것이다.

주가는 실적을 반영하고 실적은 지속적으로 변화하면서 단기, 장기의 주가 방향성을 결정하므로 항시 확인해야 한다. 반복하면서 자연스럽게 공부하는 계기로 삼기를 추천한다.

실적 시즌이 1, 4, 7, 11월로 정해져 있다는 것은 사이사이에 공백기가 존재한다는 말이다. 이 공백기는 절대적으로 모멘텀이 중요해지는 시점이므로 시장이나 개별 기업의 긍정적인 모멘텀, 부정적인 모멘텀을 잘 파악하여 단기적으로 대응하는 전략도 필요하다는 점을 말하고 싶다.

SUMMARY

- 실적 시즌(1월, 4월, 7월, 11월)을 항상 체크하자.
- 실적 시즌에는 단기간에 변동성이 확대될 수 있다. 그리고 그 이후로는 추세가 형성된다.
- 실적 시즌의 사이 기간에는 결국 모멘텀이 가장 중요한 상승 동력이 된다.
- 실적의 확인과 예상을 통해 섹터 변경에 대한 전략을 수립하자.
- 전략상의 위험 요인도 함께 확인하여 연간, 분기 등 특정 기간에의 전략을 수립하자.

23
실적 따라 움직이는
'섹터 로테이션 전략'

앞에서도 몇 번 언급을 했지만 시장은 항상 내 뜻대로 편하게 한 방향으로만 움직여주지 않는다. 왜냐하면 호시절에도 조금 더 매력적인 수익률을 안겨다 줄 수 있는 산업과 종목을 향해 돈이 움직이기 때문이다.

2020년 하반기에 삼성전자의 주가가 급등했다. 삼성전자가 급등하니 시장은 말 그대로 축제 분위기였다. 그 시기부터 2021년 초까지 카카오, 네이버 같은 인터넷 플랫폼 기업의 주가는 거의 6개월간 횡보하는 모습을 보였다. 그리고 2021년 상반기에 소재·산업재 섹터의 대표주인 포스코, 에쓰 오일, 롯데케미칼 등의 업종 대표

주가 역사적 신고가를 경신할 때 삼성전자를 비롯한 IT 대표주들은 지독하게 오르지 못하고 주가의 바닥만 다지는 상황을 연출했다.

이때 필자가 받았던 질문은 "카카오 안 오르는데 팔아야 할까요?" "삼성전자 안 오르는데 팔아야 할까요?"였다. 투자자들은 분명 자기가 좋은 주식을 가지고 있다고 생각했는데 주가가 오르지 않으니까 답답했을 것이고 다른 주식이 오르는 것을 보고는 마음이 계속 흔들렸을 것이다.

이때 필자가 했던 대답은 "주식이라는 것은 오를 때가 되면 오릅니다"였다. 사실 나쁜 내용이 없는 기업이었고 주가만 상승하지 않았던 것이기 때문에 실적이 잘 나오거나 새로운 모멘텀이 생기면 주가는 다시 상승할 것이라고 본 것이다. 초보투자자들의 문제는 '어차피 물린 거 기다리자', '뭐 오르겠지……'라고 하면서 무작정 기다리기만 하는 데 있다.

투자자는 1개 종목을 목표가까지 그대로 보유해서 장기 투자를 할 것인지, 아니면 시장 흐름에 따라 매수와 매도를 병행하면서(종목을 갈아타면서) 철저하게 매매하며 수익률을 챙길 것인지 투자 스타일을 확실하게 정해야 한다. 물론 전자의 경우에도 중요하지만 후자에 속한다면 더더욱 치밀하게 시장 대응 전략을 세워야 한다. 안 그러면 시세만 보고 대응하게 되는데 그러면 엇박자를 타게 되면서 '내가 사면 빠지고 내가 팔면 오르는' 징크스를 만들게 된다.

시장 대응 전략을 수립할 때 개인투자자가 가장 쉽게 생각해 볼 수 있는 것은 바로 '실적 모멘텀'이다. 주식 공부를 많이 하는 분들은 거시경제의 일정부터 꼼꼼하게 체크하고 지표들의 추정치가 어느 수준까지 나올 것인지 시장을 판단하는 것부터 시작해 전략을 수립할 수 있을 테지만, 어차피 이런 어려운 내용은 각종 증권사에서 전략 리포트를 정리해 줄 것이므로 우리는 방향성만 판단하면 된다. 실적 모멘텀을 확인하는 것은 바로 매매의 실행으로 연결될 수 있기에 개인투자자들에게 조금 더 직접적인 영향을 줄 것이다.

다음 표는 국내 기업들의 2021년 1분기 실적 발표가 종료되고 나서 2021년 2분기 이후의 YoY, QoQ 실적 성장률을 산업별로 정리한 것이다. 이런 자료는 증권사 퀀트(Quant) 애널리스트가 주로 작성하고 각 산업을 담당하는 애널리스트의 의견을 구해서 리포트로 발간한다.

> **퀀트 애널리스트**
> 컴퓨터 공학이 가미된 금융공학적인 프로그램을 직접 개발해 데이터를 분석하며, 과거 통계치를 통해 예상 값을 구하거나 시장 현상에 대한 해석을 제공하는 금융 전문가다.

이번에도 마찬가지로 표에서 흐름을 파악해 낼 수 있다. 있는 그대로 해석해 보면 2021년 상반기까지 예상외로 실적과 주가의 강세를 보였던 소재·산업재의 실적은 2021년 2분기까지도 강한 흐름을 보이는 것을 알 수 있다. 실제로 해당 기간의 주가를 보면 여기에도 실적이 반영되었음을 알 수 있다.

2021년 1분기 실적 발표 후 분기별 예상 성장률(단위: %)

	2분기		3분기		4분기	
	YoY	QoQ	YoY	QoQ	YoY	QoQ
상장사 전체	79.0	2.8	38.6	17.7	93.1	-8.7
소재	288.8	31.4	96.7	-5.8	1,560.5	-13.6
화학	211.2	26.8	85.6	-5.0	흑전	-16.7
비철, 목재 등	68.7	7.9	6.3	-9.5	26.7	-1.6
철강	998.8	44.2	158.9	-6.7	464.8	-10.1
에너지	흑전	42.8	217.0	-6.9	흑전	-7.8
산업재	106.8	15.0	63.8	-9.5	271.2	9.6
건설, 건축	-13.2	20.9	64.3	3.2	3.9	7.9
기계	60.4	27.2	25.7	-6.4	168.2	14.3
조선	적지	적지	적지	적지	적지	적지
상사, 자본재	96.5	-4.2	28.2	-12.3	65.1	-3.0
운송	208.9	62.4	105.0	-21.0	-1.9	9.8
경기 소비재	546.4	15.1	232.1	3.8	110.9	5.0
자동차	1,055.1	14.9	463.3	-2.8	28.9	11.5
화장품, 의류, 완구	88.6	11.8	42.5	-2.1	90.8	-6.8
호텔, 레저 서비스	적지	적지	흑전	흑전	흑전	12.7
미디어 교육	흑전	310.6	흑전	44.1	흑전	4.1
소매(유통)	118.6	-9.7	49.0	62.7	흑전	-9.7
필수소비재	-6.8	6.6	17.1	15.7	65.5	-28.2
건강관리	38.7	13.3	12.1	8.5	17.9	6.2
금융	8.9	-10.3	-2.6	-4.6	15.6	-35.4
은행	23.8	0.3	1.2	0.7	20.7	-36.7
증권	-12.8	-17.2	-20.3	-11.0	4.2	2.3
보험	-6.6	-29.2	4.1	-15.3	18.3	-65.4
IT	62.0	13.4	33.6	42.8	68.7	3.0
IT 하드웨어	307.3	-29.4	77.9	72.9	129.8	-5.8
반도체	38.7	22.8	30.1	41.9	77.1	5.7
IT가전	409.0	-32.2	23.0	67.1	48.1	-19.6
디스플레이	흑전	-6.0	217.6	18.7	-33.2	-18.8
커뮤니케이션 서비스	48.0	5.2	43.6	17.4	479.9	-2.8
소프트웨어	31.8	-9.2	40.2	16.3	114.1	6.1
통신 서비스	21.5	17.6	1.9	10.3	273.4	-15.3
유틸리티	적지	적전	-23.8	흑전	적전	적전

자료: Quantwise

그런데 2021년 3분기의 QoQ 예상치부터는 마이너스(-) 증감률을 보이기 시작한다. 이는 곧 실적에 대한 부담감이 생긴다는 것이다. 주가가 상승한 상황에서 실적 모멘텀이 둔화된다는 것을 인지하게 되면 추가 매수를 하기보다는 매도하여 차익을 실현하게 될 가능성이 높다. 그래서 '유가가 70달러까지 상승했는데 여기서 정유·화학 산업의 주가가 계속 오를까요?'와 같은 질문을 많이 하는 것이다. 바로 이런 것이 투자자에게 부담으로 작용하여 투자하려는 심리가 약화된다.

그런데 이 표의 아랫부분에 있는 IT, 커뮤니케이션 서비스 산업을 보면 2021년 3분기부터는 YoY, QoQ 실적 모멘텀이 동반 상승한다. 수치로 볼 때는 섹터의 이동이 가능한 포인트를 발견한 것이다. 물론 지금 주가가 (계속) 떨어지거나 거래량이 적어 시장의 관심을 받지 못하는 등 재미없는 흐름을 보인다면 매수에 대한 확신이 부족해지는 것은 당연한 이야기다.

여기서 주의할 점은 필자가 글을 쓰고 있는 6월은 이미 1분기 실적 발표가 끝난 것은 물론, 2분기 역시 반 이상 지나가버린 시점이라는 것이다. 주식을 하는 입장에서 우리는 3분기를 대비해야 한다. 1~2주만 지나면 또다시 7월 실적 시즌을 대비하는 증권사 자료들이 출간되기 시작할 것이고, 2분기의 실적이 어느 정도 판가름나기 시작하면 시장은 3분기 실적의 방향성을 좇기 시작할 것이다.

여기서 우리는 3분기에 실제로 IT 섹터가 강해질 수 있는지를 파악해야 한다. IT가 강해진다면 삼성전자를 중심으로 반도체 업종을 대표하는 주식들의 강세가 시작될 것인데, 몇 달간 정말 '계륵'으로만 여겨졌던 삼성전자의 강세가 발생하면 어떻게 될 것인지를 한 번 예상해 봐야 한다. 이런 사고의 전개들이 다 전략을 수립하는 과정이다.

반도체 산업으로 알아보는
섹터 스위칭 전략

잠깐 반도체 산업의 특성을 언급하고자 한다. 반도체는 경기사이클에 영향을 받는 씨크리컬(Cyclical) 산업이다. 철강, 정유, 화학, 조선, 건설 등과 같은 산업이 대표적인 씨크리컬 업종인데 각기 다른 특징이 있다.

예를 들어 철강, 정유, 소재·산업재 업종은 공급 부족(Shortage)이 가격 상승을 야기하여 제품 가격이 상승한다. 여기에 가수요가 붙으면서 공급 부족 현상이 심화되고 제품 가격의 변동성이 커진다. 또 제품 가격의 상승이 기업의 매출로 이어지는 가운데 레버리지 효과가 발생한다. 기업의 영업이익이 급증하는 현상을 보이며, 이에 따른 탄력성으로 인해 주가는 단기 급등하는 양상을 보이게 된다.

일반적인 씨크리컬 산업의 공급 부족 현상

공급 부족	➡	제품 가격 상승	➡	실적 증가	➡	단기 주가 급등

그런데 반도체 산업은 조금 다르다고 생각한다. 사실 이 부분은 지금까지도 선배님들과 함께 고민해 왔던 복잡한 문제로 여기서 언급하는 것은 필자의 개인적인 생각임을 밝힌다. 반도체 역시 장치 산업이자 씨크리컬 산업이며, 반도체의 공급 부족이 가격 상승을 가져오는 것도 동일하다. 문제는 반도체의 공급 부족이 수요의 감소를 직접적으로 가져온다는 것이다. 바로 이것이 다른 씨크리컬 산업과 구분되는 지점이다.

여기서 말하는 '수요'는 일반 소비자들이 컴퓨터나 핸드폰 등의 기기를 직접 구매하는 것을 뜻하는 것이 아니라 '제품을 만드는 제조사 업체들의 수요'를 뜻한다. 반도체 생산 공정에 문제가 생겨 공급 부족이 발생하면 반도체 가격이 올라가게 되는데 이때 제조사들은 굳이 비싼 가격에 부품을 사들이는 것보다는 가지고 있는 재고로 최대한 시간을 끄는 등 제품 구매에 보수적인 모습을 보인다.

이렇게 수요가 감소하면 매출과 이익 증가율도 예상과는 다르게 둔화된다. 다른 산업에서 공급 부족 현상이 발생하면 제품 가격이 상승하고, 이에 따른 실적 증가가 주가를 상승시켜야 하는데 그렇지 못한 것이다. 뉴스에서 반도체가 부족하다는 기사가 아무리 나와도 주가는 상승하지 않아 투자자의 마음만 답답해진다.

반도체 산업의 공급 부족 현상

| 공급 부족 | ➡ | 제품 가격 상승 | ➡ | 수요 감소 | ➡ | 실적 둔화 |

이것을 반대로 해석해 보면 어떻게 될까? 3분기에 반도체의 실적 모멘텀이 발생한다는 것은 공급 부족이 해소되면서 수요 감소 현상이 끝나고, 수요의 정상화가 실적과 주가의 정상화로 연결될 가능성이 커진다는 해석이 될 것이다.

실제로 미국 한파 때문에 가동이 멈췄던 삼성전자의 오스틴 공장이 4월부터 재가동되고 6월부터 본격적인 제품 출하가 시작되면서 매출이 발생하기 때문에 7월부터 시작되는 3분기 실적에는 모멘텀이 발생하게 된다. 단적인 예를 든 것이지만 이러한 적재 현상이 조금씩 해소되면 관련 산업의 실적이 오르게 된다. 그래서 "실적이 상승할 것이다!" 라고 예상하는 애널리스트들의 의견이 모아지면서 '실적 모멘텀'이 발현되는 구조가 만들어진다. 만약 소재·산업재 섹터의 실적 모멘텀이 감소하는 구간에 때마침 반도체 섹터의 실적 모멘텀이 상승하는 구간이 맞닿는다면, 투자 자금이 반도체 산업을 향하면서 자연스럽게 섹터 스위칭 (Switching)을 시작하게 될 것이다. 바로 이런 것을 예측하는 것이 시장 대응 전략이다.

참고로 한국 시장을 정말 도와주

> **스위칭**
> 주식시장에서는 상대적으로 저평가된 자산으로 운용자산을 교체하는 것을 '스위칭'이라고 한다.

실적 모멘텀에 반응하는 외국인 순매수 (단위: 십억 원)

구분	2021년 외국인 순매수대금				
	1월	2월	3월	4월	5월
상장사 전체	-5,833.3	-2,028.6	-1,482.1	91.9	-9,429.3
소재	533.4	565.1	-163.7	1,210.7	-211.0
화학	583.1	389.6	-780.2	1,062.3	-61.8
비철, 목재 등	-104.7	-25.6	0.1	-34.8	-34.7
철강	55.0	201.1	616.4	183.1	-114.6
에너지	-196.1	-77.9	-192.3	126.1	-80.1
산업재	249.2	-291.1	396.9	424.9	-257.7
건설, 건축	-115.2	-246.0	-15.0	417.5	35.2
기계	94.4	68.3	106.9	123.2	-20.7
조선	4.5	39.7	138.7	16.6	-211.0
상사, 자본재	324.6	-81.8	53.0	-153.4	-126.6
운송	-59.2	-71.3	113.4	21.1	65.4
경기 소비재	-1,312.9	-1,144.9	-288.3	-882.1	-568.0
자동차	-1,512.0	-940.0	-361.2	-927.6	-501.8
화장품, 의류, 완구	194.3	-140.3	45.4	49.8	-16.1
호텔, 레저 서비스	-61.1	-42.8	-24.9	-95.9	-5.8
미디어 교육	59.8	-65.9	-139.9	-21.7	276.1
소매(유통)	67.5	-11.2	56.5	119.5	-74.6
필수소비재	-18.9	-103.0	-4.2	-50.9	-234.3
건강관리	-361.0	584.0	-697.4	-300.4	-638.0
금융	862.2	281.8	1,562.1	760.5	-233.0
은행	605.0	226.2	1,049.8	531.8	-184.1
증권	203.0	116.6	78.1	75.3	29.6
보험	54.1	-61.0	434.2	153.4	-78.5
IT	-7,207.6	-2,238.0	-2,118.8	-1,542.2	-7,022.6
IT 하드웨어	-46.3	-247.7	-62.4	21.5	-599.2
반도체	-6,266.6	-1,448.3	-1,393.0	-1,051.5	-5,306.7
IT 가전	-810.8	-552.1	-598.1	-278.8	-881.0
디스플레이	-2.9	-9.0	-46.5	-18.1	-283.8
커뮤니케이션 서비스	1,618.9	475.6	31.9	331.2	-53.8
소프트웨어	1,246.7	423.2	-226.8	-370.1	-585.7
통신 서비스	229.8	96.9	375.5	479.7	334.4
유틸리티	-0.9	-80.2	-8.1	14.1	-130.9

자료: Quantwise

지 않는 외국인 수급을 봐도 앞에서 설명한 실적 모멘텀과 정확하게 일치한다. 외국인도 실적이 개선되는 섹터는 열심히 매수했다. 또 실적 모멘텀이 없는 것은 철저하게 외면했다. 그러다가 5월, 테이퍼링 이슈가 나오고 시장 지수가 단기에 상승했던 국면에서는 매도해 차익 실현을 했다. 사실 외국인 입장에서 한국은 비중이 낮은 시장이므로 개별 기업을 세세하게 분석할 필요는 없을 것이다. 바로 실적 모멘텀을 활용하여 섹터 로테이션만 계속해도 되는 것이다. 우리도 이처럼 자세한 내용은 몰라도 철저하게 실적에 반응하는 펀더멘털 투자 전략을 수립할 수도 있는 것이다.

더 강력한
스위칭 신호를 찾아라

다시 앞에서 설명했던 159쪽 표를 보면 YoY, QoQ가 점점 좋아지는 섹터에 경기소비재 섹터가 있다. 세부적으로는 자동차, 호텔, 레저, 미디어 등이 있다. 코로나19 백신의 보급에 따라 경제활동이 정상화되면서 이에 따른 수혜가 예상되는 섹터들이다. 또 이 섹터들은 한한령 피해주라는 점에서 눈여겨볼 만하다. 최근 미중 관계가 다시 악화되는 가운데 미국과 중국의 한국 껴안기가 다시 시작되고 있다. 물론 정치적인 선택도 중요하지만 이런 과정에서 중국의 한한령이 해소될 만한 움직임이 나오면 해당 섹터에 추가적인 모멘텀을 제공하게 될 것이다. 물론 코로나19의 피해주이면서 한한령의 피해주라는 2가지 요인이 'OR 조건'이 아닌 'AND 조건'이 되어야 한다.

이렇게 섹터별 실적의 증감률이 상식에 맞게 움직인다면 전략수립은 손쉬워지고 정확도 역시 높아진다. 언제 뭘 사고 팔지에 대한 고민은 이러한 것에서부터 시작하면 큰 도움이 될 것이다.

SUMMARY

- 실적 모멘텀을 체크하고, 모멘텀에 따른 산업 로테이션 전략을 수립하자.
- 로테이션 전략을 수립한다면 시장 순환매에 당황하지 않을 것이다.
- 주가는 실적의 함수이다. 반드시 실적에 반응한다.

24
자극적인
모멘텀을 찾아라

앞서 시황에 대한 판단과 펀더멘털, 모멘텀에 대한 전략을 수립했다면, 이제는 개별 섹터나 종목에 모멘텀을 제공해 줄 자극적인 소재가 필요하다. 이런 자극적인 소재는 시장을 관찰하지 않아도 우리의 생활이나 뉴스를 관심 있게 보면 보인다. 예를 들어 '유가의 상승', '컨테이너 박스의 부족', '자동차 판매량의 증가', '특정 브랜드의 인기', '중국인 입국자의 증가' 등의 정보는 이미 우리도 모르는 사이에 습득되고 있다.

특정 요소가 자극적인 모멘텀을 제공하려면 변곡점을 찾아내는 것이 가장 중요하다. 변곡점은 이제서야 막 그 변화가 시작되는 것

중에서 '계속해서 지속될 수 있다'라는 신뢰성이 결합하면 그 힘이 강력하게 작동한다. 이러한 모멘텀은 호재를 불러오는 것은 물론 악재를 해소하기도 한다.

호재를 불러오는
모멘텀의 예

먼저 호재를 불러오는 모멘텀을 살펴보자. 다음 그래프는 최근 3년 간 중국인 입국자의 추이를 월별 차트로 표시한 것이다. 실제 데이터는 인천공항공사 등에서 제공하는 출입국자 데이터 등을 월별로 확인하면 된다. 전문투자기관에서는 유료 사이트를 사용하기 때문에 조금 다른 형태로 확인하고 있다. 중요한 건 데이터를 해석하는 것이므로 어떤 형태로 받든 별다른 차이는 없다.

우선 우리가 중국인 입국자 데이터를 중요하게 여기는 이유를 알아야 한다. 한국은 인구가 5000만 명이 조금 넘는 나라이며 북한으로 인해 타 국가와 단절돼 사실상 섬나라와 같다. 5000만 명의 구매력으로는 내수경제가 강할 수 없다. 그런데 만약 해외에서 입국해 소비를 해준다면 이것은 강력한 내수 모멘텀으로 작동할 수 있다. 사실 이것이 과거 한국의 화장품이나 면세점, 카지노 산업이 초호황을 보이면서 '중국 소비주'가 장기간 주도권을 유지했

최근 3년간 중국 입국자 추이

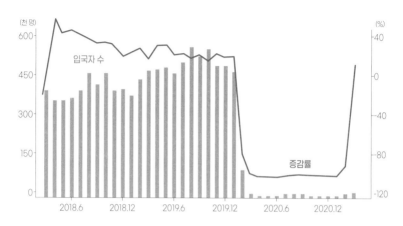

자료: BIG Finance

던 이유이기도 하다.

과거 중국 내 한류 금지령인 '한한령'의 영향으로 해당 업종의 모멘텀은 약해졌다. 그리고 최근 1년간은 코로나19 사태로 외국인 입국자가 0에 가까운 수치를 기록하면서 최악의 모멘텀을 보였다. 실제로 일부 기업들은 생존을 위해 고군분투하는 상황으로까지 몰렸다.

그런데 백신이 보급되면서 접종률이 높아짐에 따라 사람들의 경제활동 및 생활이 정상화되기 시작했는데 바로 여기서 모멘텀이 발생하고 있다. 비록 지금 한국은 백신 접종률도 저조하여 출입국 양방향에서 선진국에 비해 열위에 있지만 각국의 백신 접종률 상승, 한국의 접종 확산, 여행 재개를 위한 각국의 협의 시작 등의 뉴스가 기대감을 제공하면서 주가의 상승이 나타나고 있다. 심지어 어떤 주식은 코로나19를 넘어 한한령 이전 수준까지 상승하며 회복하고 있다.

실제 데이터를 보면 2021년 3월부터 한국으로 들어오는 외국인 입국자의 증감률이 마이너스 폭을 점점 줄여가기 시작했다. 전체 입국자의 증감률은 전년 대비 −100%를 보이다가 2월부터 조금씩 마이너스 폭을 줄여갔고 3월부터는 증감률이 큰 폭으로 상승했다. 실제로 전체 국내 입국 국가 중에서 1개 국가만 전년 대비 입국자 수치가 플러스로 전환되었는데, 그 국가가 바로 중국이다.

물론 입국하는 중국인의 수는 1만 명대로 여전히 매우 낮은 수치지만, 그래도 주가에 가장 중요한 모멘텀을 제공했다. 입국자가 관광 목적으로 들어오기 시작했고, 낮은 수치지만 2020년은 그래도 전년 동기에 비하면 플러스 값이라는 사실이 긍정적으로 보여지는 것이다. 여기에 매일매일 발표되는 백신 접종률과 정부의 백신 인센티브 등이 주가의 모멘텀을 계속해서 발생시킬 수 있다. 당연히 이 부분은 시간이 갈수록 더욱 정상화될 것이며 우리가 상식적으로 생각했을 때 납득이 되는 부분이기에 투자자의 마음에도 편안함을 줄 수 있다.

악재를 해소하는
모멘텀의 예

사실 악재는 시장 전체적인 것이 많다. 개별 기업의 경우에는 실적 부진, 횡령, 화재 등 특정 사건에 해당하는 것이 많아서 성격이 조금 다르다는 것을 염두에 두고 접근해야 한다. 시장 전체적인 악재가 해소되는 예로는 최근 화두인 인플레이션을 설명하려 한다.

다음에 있는 그래프의 위쪽은 유가(WTI), 아래쪽은 농산물 가격(CRB)이다. 어느 시점에 가격이 최고점을 찍을지 추정해 본 것이다. 이 그래프는 2021년 3월에 만든 것이라서 당시 유가 60달러를 기준으로 그렸다. 3월 이후로도 쭉 60달러가 지속된다고 가정하고 2020년의 유가와 비교해보았다. 전년 대비 유가 증가율은 시간이 갈수록 내려오게 된다. 왜냐하면 2020년 4월에 유가가 약 10달러까지 내려갔다가 차츰 상승했기 때문이다. 따라서 유가 상승의 피크아웃은 4월로 예상했다.

마찬가지 방식으로 농산물 가격도 그려봤는데 이 또한 4월에 피크아웃이 예상됐다. 당시 가정은 글로벌 물동량과 생산에 추가적인 문제가 없다면 4월을 정점으로 각종 원자재 가격의 상승세가 가라앉는다는 것이었다. 원자재 가격이 오르지 않는다면 인플레이션의 압력도 약해질 것이고, 이에 따라 금리의 상승세도 둔화될 것이며, Fed의 정책 변화에 대한 걱정의 목소리도 완화될 것이라고

유가와 농산물 가격의 예측값 (2021년 3월 기준)

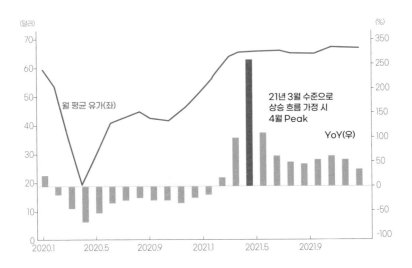

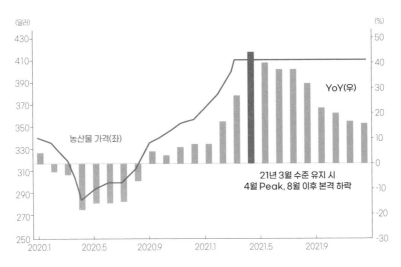

자료: BIG Finance

예상했다.

　물론 지금에 와서 보면 병목 현상이 발생해 유가 강세가 2개월 정도 더 연장된 것까지 정확하게 맞히지는 못했다. 그러나 그 사이 금리는 더 이상 악재로 반응하지 않고 있으며 인플레이션의 각종 원인을 경기의 개선으로 해석하는 성향도 나타나고 있다. 그리고 시장 역시 병목현상이 해소되면 인플레이션을 유발하는 요인들이 감소할 것이라고 판단하고 있다. 수치로 따지면 물가지표의 YoY가 높게 나오더라도 MoM(Month on month)이 하락하면 되는 것이다. 시장의 전략가와 이코노미스트가 인플레이션 우려에도 불구하고 시장의 반등은 오히려 성장주에서 나올 수도 있다고 주장하는 이유가 여기에 있다.

강력한 모멘텀을 발견했다면
투자 비중도 강력하게 늘려보자

이러한 논리 전개를 통해 판단한 변곡점은 우리에게는 수익을 낼 수 있는 좋은 전략이 될 것이다. 다양한 방식의 판단이 결합되면 이는 강력한 시장 모멘텀으로 작동한다. 물론 아닐 수도 있기 때문에 불안감을 극복하면서 투자를 해야 하는 부담감은 존재한다. 하지만 누가 봐도 명확하게 펀더멘털이 개선될 만한 강력한 모멘텀이 제공되면 주도주로 부상하게 된다. 앞서 실적 모멘텀에서 확인할 수 있었던 것처럼 2021년 하반기에도 펀더멘털을 개선해 갈 것이므로 주가 상승의 속도에 문제가 없다면 편하게 투자할 수 있는 섹터가 되는 것이다.

바로 이렇게 다른 섹터보다 강한 모멘텀을 가진 섹터를 찾는다면, 그 시점에서 끌어올 수 있는 가장 많은 투자금을 여기에 투자해야 한다. 그래야 절대수량의 측면에서 수익을 챙길 수 있다. 가끔 초보투자자와 대화하다 보면 "꼭 조금 산 건 많이 올라요" 하는 얘기를 듣곤 한다. 확신이 든다면 제대로 투자해야 한다. 100% 상승하는 주식이라도 투자금의 1%만 투자하면 나의 수익률은 1% 상승할 뿐이다. 반면 확신이 있어 투자금의 30%를 담은 주식이 20% 상승하면 나의 수익률은 6%다. 그러므로 모멘텀을 발견했다면 비중 또한 변경해야 좋은 성과로 이어진다.

SUMMARY

- 자극적인 모멘텀을 찾아라. 시장의 중심이 될 것이다.
- 자극적인 모멘텀이 펀더멘털에 기반한다면 장기화될 것이다.
- 중심 섹터를 찾았다면 투자금의 절대량으로 승부를 봐야 한다.

25

급변하는 주식시장,
'시황'을 꿰뚫는 눈 기르기

주식시장은 어떤 때는 편하게 상승하기도 하고, 어떤 때는 정신 못 차리게 빠른 순환매를 보이기도 하며, 어떤 때는 하염없이 하락하기도 한다. 그러나 왜 이렇게 바뀌는지 안다면 우리는 자연스럽게 대응할 수 있을 것이다.

2020년과 같이 주가가 급락한 후 회복하면서 실적과 모멘텀이 상승하는 경우에는 엄청난 속도와 폭으로 주가가 상승하면서 모든 투자자에게 수익을 안겨다 줄 것이다. 그런데 2021년처럼 주가가 상승한 이후 정상화되는 과정에서 단기 과열의 우려나 정책의 변화가 생기면 시장의 상승을 누르는 요인으로 작용하기도 한다.

2021년 미국 S&P500 섹터별 월 수익률(단위: %)

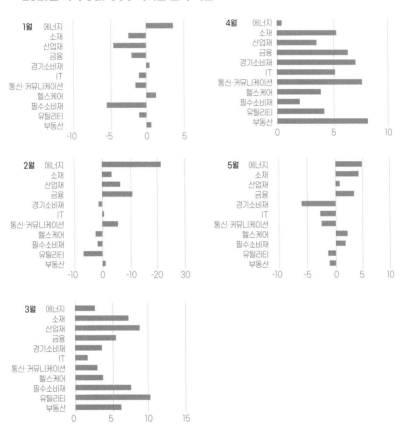

	에너지	소재	산업재	금융	경기 소비재	IT	통신· 커뮤니케이션	헬스 케어	필수 소비재	유틸 리티	부동산	전체
1월	3.63	-2.38	-4.34	-1.93	0.39	-0.97	-1.51	1.28	-5.32	-0.96	0.47	-1.11
2월	21.47	3.66	6.63	11.36	-1.01	1.07	6.18	-2.21	-1.50	-6.54	1.43	2.61
3월	2.69	7.29	8.82	5.62	3.59	1.64	3.10	3.74	7.71	10.13	6.35	4.24
4월	0.46	5.32	3.55	6.41	7.08	5.22	7.64	3.87	2.03	4.22	8.12	5.24
5월	4.93	4.42	0.95	3.59	-5.98	-2.59	-2.47	2.42	2.04	-1.22	-0.97	-0.61

자료: Quantwise

2021년 KOSPI 섹터별 월 수익률(단위: %)

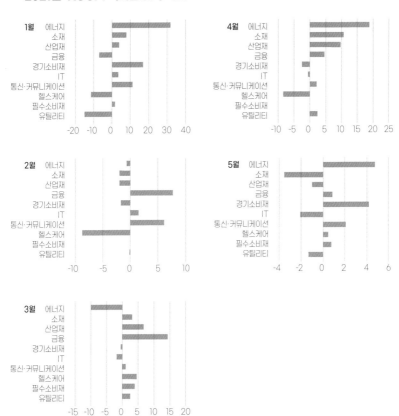

	에너지	소재	산업재	금융	경기 소비재	IT	통신· 커뮤니케이션	헬스 케어	필수 소비재	유틸 리티	전체
1월	31.34	6.84	3.83	-6.70	16.75	2.66	10.99	-11.66	1.01	-14.78	3.56
2월	-0.90	-1.92	-2.17	7.56	-1.82	1.42	6.06	-8.85	0.01	-0.22	0.64
3월	-12.18	2.89	6.68	14.35	-0.70	-1.83	1.23	4.29	3.89	2.48	0.84
4월	18.67	10.68	9.73	4.57	-2.64	-0.52	2.17	-8.34	-0.24	2.36	1.20
5월	4.72	-3.48	-0.80	0.83	4.18	-2.04	2.08	0.50	0.80	-1.27	-0.53

자료: Quantwise

176쪽의 그래프는 산업별로 S&P500 월 수익률을 나타낸 것이다. 막대를 보면 몇 개월은 오르고, 몇 개월은 빠지는 흐름이 보인다. 숫자들의 흐름을 보면 뭔가 안정화되어 있다는 느낌이 들 것이다. 실제로는 IT, 금융, 에너지, 커뮤니케이션 서비스, 산업재 순서로 실적이 좋았으며 월별 수익에도 이것이 반영되어 있다.

위에서 언급된 산업들은 경제활동의 정상화, 원자재 가격의 상승 및 인플레이션 수혜, 미국 바이든 정권 출범에 따른 인프라 투자 모멘텀 등이 결합되면서 전반적으로 호재가 많았던 산업이기도 했다.

이 기간에 미국 지수는 또다시 신고가를 경신하려고 하는데 한국의 KOSPI, KOSDAQ 지수는 왜 이렇게 힘든 것일까? 177쪽에 KOSPI 산업별 월 수익률 그래프를 보면 S&P500과는 다르게 뭔가 어떤 흐름도 없이 빠르게 바뀐다는 느낌을 받을 것이다. 즉, 빠른 순환매가 작동했다는 것을 알 수 있다. 산업별로 보면 미국처럼 원자재 가격의 상승에 따른 인플레이션 수혜주들의 수익률이 좋았는데 그 기간은 상대적으로 짧았다. 성장주에 대한 기대와 우려가 공존하면서 성장에 대한 모멘텀이 아니라 실적이 유독 좋다거나 수주가 나올 때 반응하는 일반적인 상승 모멘텀만이 반영된 것으로 해석할 수 있다. 2019년은 성장주 상승세, 2020년은 시장 지수의 반등이 있어 투자하기 조금 편했던 구간이었던 반면, 2021년은 빠른 순환매를 동반하면서 최근 2~3년 동안 시장에 진입한 투자자에게는 익숙하지 않은 환경을 보여주었다. 실적도 좋고 유동성도 풍부한데 주가가 짧게 짧게 상승했다가 하락하는 현상은 초보투자자가 적응하기 어려운 시장이다.

성장주의 견고한 펀더멘털, 제조업의 부활과 수요 견인 인플레이션의 수혜가 예상되는 가치주의 상승이 결합되면서 성장주와 가치주가 동반 상승하는 흔하지 않은 상황이 나타났다(강세장에서는 가능하지만 주가 상승이 지지부진한 박스권 장세에서는 쉽지 않은 현상이다). 이러한 현상은 시장의 지수와 밸류에이션이 높아짐과 동시에 투자 난이도 또한 높아진 것을 의미하기도 한다.

2019년 이후 성장주 대비 가치주의 비율

자료: Bloomberg, Quantwise

앞의 그래프는 2019년 이후 성장주 대비 가치주의 비율을 표시한 것이다. 따라서 선 그래프가 상승했다는 것은 성장주에 비해 가치주의 성과가 좋았다는 것을 의미한다.

따라서 지금은 거시경제를 잘 판단해야 하고 시장의 빠른 순환매도 대응해야 하며 산업과 종목 선택에 대한 집중력 또한 높아져야 하는 시점인 것이다. 그래서 전문가들이 투자의 난도가 올라가고 있다고 표현하면서 펀드 등의 상품에 투자하는 것을 권하는 것이다. 어떤 이유가 생겼든 시장의 환경이 변했으면 투자자 역시 변한 시장에 따라 대응해야 할 테니 말이다.

SUMMARY

- 시장 환경에 대한 판단을 해야 한다.
- 시장이 추세적으로 상승하는 과정에서는 시장의 밸류에이션도 같이 올라간다.
- 방향성 투자를 할 시장인지, 순환매를 추종해야 하는 시장인지 등에 대한 판단이 필요하다.

26

모든 주식은
시장 안에서 움직인다

주식시장이 30° 각도로 계속해서 상승하기만 한다면 정말 편안하게 투자할 수 있는 환경이 될 것이다. 주가는 급하게 오르면 그다음에 과격하게 빠질 것이 걱정되기 때문에 주가 급등에도 마음이 불편한 것은 매한가지다. 따라서 하루에 1~3%씩 꾸준히만 올라준다면 이보다 더 속 편한 투자는 없을 것이다. 이것은 개별 종목뿐만 아니라 주가지수에도 해당하는 이야기다.

그러나 현실은 이와 반대다. 시장에 영향을 주는 요인들을 확인하고 나름대로 전략을 세워놔도 예상대로 움직이지 않고 예상하지 못한 결과물을 가져오는 경우도 많다. 악재가 많아도 주가가 하락하지 않고, 호재가 있어도 상승하지 않으면서 움직일 듯 움직이지 않는 장마전선처럼 좁은 박스권을 형성하기도 하는 게 바로 주식시장이다.

개인투자자가 시장은 전혀 신경 쓰지 않고 개별 종목에만 집중한다고 하더라도, 그리고 내가 가진 종목이 아무리 강력한 펀더멘털을 가지고 있다고 하더라도 결국 주식은 시장 안에서 움직일 뿐이다. 시장의 영향을 받을 수밖에 없다는 말이다. 따라서 박스권이나 하락 국면에 진입할 경우에는 어떤 상황에서 매매해야 하는지 알고 있어야 한다. 기존 전략을 유지하든지 아니면 새 전략을 구사하든지 전략적 대응을 바탕으로 투자를 하는 것이 좋다.

현재 상황을 예로 드는 것이 가장 잘 와닿을 것 같아 책을 쓰는 시점에서의 시황을 바탕으로 설명하고자 한다. 2021년 KOSPI 지수는 좁은 박스권 형태를 보이고 있다. 오른쪽 그래프의 상단에 표시한 화살표를 보면 앞에서 언급했던 '장마전선'이 떠오를 것이다. 박스권이 형성되는 것을 실선과 화살표(위, 아래 표시)를 이용해 서로 다른 두 가지 방향의 힘이 전선을 만들고 있는 것처럼 표현해보았다.

KOSPI 지수는 연초에 급등하며 신고가를 갱신했지만 이후 과격한 조정을 거쳤다. 지수는 3000포인트대를 지켜내면서 하방 경직성을 보여주었으며 그 이후로는 50~100포인트 단위로 조금씩 저점을 높혀가며 지지력을 다지고 있다. 연초 대비 수익률 역시 약

좁은 박스권이 만들어진 KOSPI

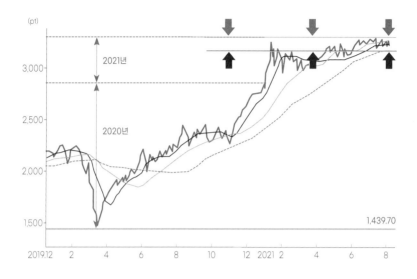

15%로 글로벌 증시를 놓고 봐도 양호한 수준이다. 그럼에도 현재 투자자들은 좁은 박스권에서의 답답함을 토로하고 있다.

답답함이 계속되면 투자자는 지치게 되고, 지친 투자자는 조그마한 악재에도 민감한 반응을 보이게 된다. 또 강한 호재에도 의심의 눈초리를 거두지 않는다. 생각이 많아져서 선뜻 결정을 내리지도 못하고 손이 머뭇거리게 되면서 제대로 된 투자를 하지 못 하는일이 생긴다. 다시 한번 말하지만, 지수의 방향성은 이렇게 투자자의 심리를 좌우하기 때문에 지수의 방향성이나 현재 상황을 파악하는 건 중요한 일이다.

우선 좁은 박스권이 만들어지는 이유부터 파악해봐야 한다. 이

것이 바로 시황을 분석하는 과정이며 이 결과에 따라 투자 전략이 정해지게 될 것이다.

SUMMARY

- 지수의 상승 요인과 하락 요인을 정리해보자.
- 두 요인의 힘이 부딪히는 곳에서 전선이 형성되며 힘의 균형이 깨지는 곳에서 지수의 방향성이 결정된다.

27

KOSPI로 보는
우리나라의 현재 시황

지금부터 KOSPI 박스의 하단을 지지하는 요인과 박스의 상단을 억제하는 요인을 설명하려 한다.

KOSPI 지수가 떨어지지 않도록 돕는
3가지 요인

지수의 하단을 지지하는 3가지 요인으로는 '양호한 경제지표', '강한 기업 실적', '낮은 밸류에이션'을 꼽을 수 있다. 먼저 '양호한 경제지표'는 일정에 맞춰 발표되는 각종 경제지표들을 통해서 확인할수 있다. '실적'도 마찬가지 방법으로 확인할 수 있다. 다만, 앞에서도 반복해서 언급했던 증감률은 조금 더 중요하게 확인해야 한다. 경제지표의 성장률, 기업 실적 추정치의 증감률을 지속적으로 확인해서 현재 이것들의 방향성이 우상향인지, 우하향인지를 파악해야 한다. 경제지표를 설명하려고 한 것이 아니므로 여기서는 생략하겠으나 경제지표와 기업 실적의 방향성은 상식적으로도 상관관계가 높은 부분이므로 지속적이면서도 집중적으로 파악하고 있어야 한다.

현재 시점에서 가장 쉽게 상황을 표현할 수 있는 것은 수출입 데이터일 것이다. 수출이 좋다는 것은 당연히 한국 기업들의 실적이 좋다는 것을 의미한다. 실적이 좋다고 말하는 것이 식상할 정도로 좋은 상황이며 심지어 지금은 역대 최고의 월별 수출액을 기록하고 있다. 다른 이슈들로 지수가 하락할 거라고 걱정하는 한편, 수출 경기와 기업의 실적에 대한 긍정적인 확신도 존재하는 상황이다.

실적이 좋으면 당연히 주식의 가치를 평가하는 '밸류에이션'을 주기에도 넉넉함이 생긴다. 밸류에이션은 뒤에서 다루기 때문에 자세한 것은 생략하겠으나, 기본적인 개념을 짚고 가자면 이렇다. 지금처럼 지수는 그 자리에 그대로 있는데 실적이 상승했다는 것은 밸류에이션이 하락했다는 것을 의미한다. 따라서 자연스럽게 저평가로 이어지며 이런 매력이 매수세를 유발하게 된다.

따라서 지금의 박스권에서 더 떨어지지 않게 버티고 있는 힘은 양호한 펀더멘털과 밸류에이션 매력의 결합에서 나오는 것이다. 그래서 경기가 정점을 찍고 곧 떨어질 것이라는 피크아웃에 대한 우려, 지속적인 대규모 외국인 매도 등 각종 악재에도 시장의 하방을 받쳐주고 있는 것이라고 판단하면 된다.

여기에서 우리가 세워야 할 전략 중 하나가 명확해진다. 만약 KOSPI 지수가 박스권 하단까지 갑자기 하락한다면 어떤 전략을 써야 할지 생각해 보는 것이다. 답은 지수의 하방을 유지시켜주는 요인이 변하지 않았는지 확인하고 그 시점에 매수를 하는 것이다. 이때 매수해야 지수 저점에서 싸게 살 수 있다.

KOSPI 지수가 올라가지 못하게 막는
5가지 요인

다음은 지수의 상단을 억제하고 있는 요인을 알아볼 차례다. 굳이 5가지 요인으로 정리해보자면 '코로나 19의 재확산(델타 변이 바이러스의 확산)', '경기 피크아웃 우려', 'Fed의 테이퍼링 가능성', '중국 규제 리스크', '외국인 매도세'를 꼽을 수 있다.

이것들은 우리가 흔히 악재라고 말하는 것들이다. 하지만 악재는 극복할 대상이라는 걸 놓치면 안 된다. 사람은 경제적 이익을 추구하는 동물이므로 악재가 있다면 극복하려고 노력을 할 것이고 이런 노력들은 정부의 정책이나 기업들의 구조조정 등으로 나타나게 될 것이다. 따라서 전략을 수립할 때도 이 악재들이 하나씩 해소될 가능성이나 시장 가격에 반영될 요인들에 대해서 판단하는 것이 중요하다.

1. 코로나19의 재확산

우선 코로나19의 재확산은 시간이 지나면 해소될 것이라고 판단한다. 현재 백신 접종률은 점점 높아지고 있고 향후에는 치료제도 개발될 것이다. 실제 백신 접종을 시작한 이후로 중증환자 비율이 감소하고 있다. 확진자 수가 증가하고는 있고 변이 바이러스까지 출현한 상황이지만 백신 접종을 감안하면 긍정적인 상황이다. 나라마다 코로나19 대응 방식은 조금씩 다르지만 서서히 독감 바이러스처럼 인식이 바뀌어가고 있다.

그래프를 한두 개만 그려보면 답은 나온다. 미국, 영국, 프랑스, 한국의 확진자와 신규 사망자 추이를 보면 앞에서 설명한 것을 눈으로 확인할 수 있다. 이렇게 되면 악재에 대한 투자자의 민감도는 감소하게 되고 시간이 지나면 이것은 더 이상 시장을 폭락시키는 악재가 아니게 된다. 여기서 우리는 '악재는 아니구나!' 안도하면서 끝내면 안 된다. 이제부터는 호텔, 여행 등의 컨택트 주식, 이른바 리오프닝(Reopening) 관련주를 살 준비를 해야 한다. 악재를 극복

코로나19 신규 확진자 수와 사망자 수

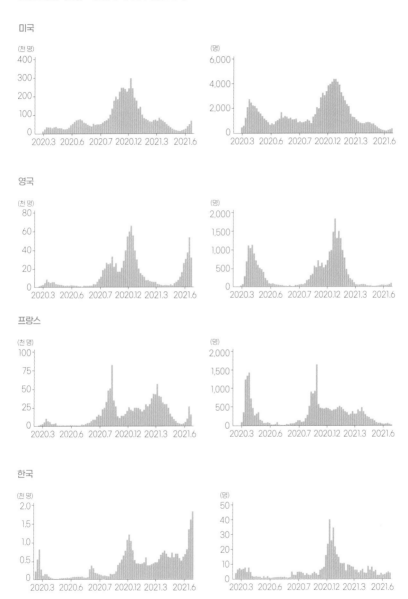

미국

영국

프랑스

한국

하고 기존에 구사할 수 없었던 신규 전략을 수립하는 순간이 온 것이다.

2. 경기의 피크아웃

두 번째로 경기 피크아웃 우려에 대해서 생각해보자. 이것은 지수의 하방을 견고하게 지지하는 요인과 맞닿아 있는데 동일한 내용을 두고 서로 상충되는 의견을 내세울 수도 있다. 즉, 실적의 수치가 높아서 경기는 좋다고 생각하면서도 증감률이 감소하는 것을 보고 경기가 곧 꺾이는 것 아니냐는 우려를 동시에 하는 것이다.

확인을 위해 한국, 미국, 중국, 유로존에서 발표되는 주요 지표들을 한 군데에 정리하고 시계열을 통해서 추세를 살펴보았다(192~193쪽 표 참조). 월별로 발표되는 데이터로 수치의 흐름이 개선되고 있음을 알 수 있다. 가장 먼저 제조업 지표가 좋아졌고 이후 서비스업 관련 지표들이 개선되고 있으며, 고용지표 또한 개선되는 조짐을 보이고 있다.

위기가 발생하자 지원책을 통해 제조업이 먼저 개선이 되었고, 시간은 좀 걸렸으나 이후 백신 등 코로나19 대응책이 나오면서 경제활동 정상화가 동반되었다. 소비심리가 개선되면서 기업들의 실적도 올라가자 자연스럽게 고용 수요까지 발생했다. 실업률이 감소하고 정부의 지원책도 정상화되는 선순환 과정에 돌입하고 있다고 볼 수 있는 것이다. 미국을 중심으로 한 선진국의 경제 정상화가 신흥국으로까지 영향을 주는 경기 정상화로 이어지게 되면 선순환 구조가 완성되는 것이다. '경기는 좋다'는 것은 지표를 통해서 지속적으로 확인하게 될 것이다.

이때 조심할 것은 증감률이 감소하는 구간이다. 계속해서 좋게만 나오면 지표들이 기저효과를 만드는 구간을 통과했을 때 계절성이 생기면서 자연스럽게 증감률이 감소한다. 항상 높은 숫자만 보다가 조금 낮은 숫자를 보게 되면 실망감이 드는 것은 사람이기에 어쩔 수 없는 일이다. 하지만 막연히 경기가 안 좋아져서 주가가 급락할 것이라고 생각하는 건 자극적인 기사 제목만 보고 주식을 매도하는 것과 같은 실수를 범하는 것이다. 기사가 어떻게 나오든 우리는 이 수치들이 각종 지수의 기준선 위에 있는지만 확인하면 된다. 이 책에서 끊임없이 이야기하고 있는 것은 항상 수치를 정확하게 판단하는 연습을 하자는 것이다.

194쪽의 그래프는 경제지표의 실제 값이 기대치에 비해 얼마나 더 잘 나왔는지를 표현해주는 경기 서프라이즈 인덱스(Economic surprise index, 이하 EIS)다. 그래프를 보면 2020년 하반기부터는 엄청난 서프라이즈 수치들이 나오면서 주가가 급등했다. 코로나19가 발병한 구간인 2020년은 모든 지표가 기대치보다 낮게 나올 수밖에 없었다. 이전에 겪어보지 못했던 셧다운이 경제를 멈추게 만들었기 때문이다. 그런 와중에도 실적이 잘 나오니까 주가가 '펑'하고 뛴 것이다. 이후부터는 모든 것이 정상화 과정을 거치면서 전

국가별 주요 경기 지표

국가	지표	단위	2020년						
			1월	2월	3월	4월	5월	6월	7월
한국	소비자심리지수	p	104.8	97.8	80.4	73.3	79.7	83.7	85.9
	소비자물가	YoY%	1.5	1.1	1.0	0.1	-0.3	0.0	0.3
	수출	YoY%	-6.3	4.3	-0.7	-25.5	-23.7	-10.9	-7.1
	경상수지	$mn	584	6,407	5,940	-3,298	2,241	7,165	7,025
	광공업생산	YoY%	-3.3	11.0	7.0	-5.2	-10.9	-1.3	-2.9
	서비스업생산	YoY%	0.9	1.2	-5.0	-6.1	-4.0	0.0	-1.2
	소매판매	YoY%	1.8	-2.4	-7.8	-2.2	1.7	6.6	0.6
	설비투자	YoY%	-1.7	17.4	11.7	2.0	3.1	14.0	8.4
	건설기성	YoY%	-5.0	6.9	7.7	1.0	-1.7	0.5	2.8
	한국 OECD 경기선행지수	p	98.8	98.8	98.7	98.7	98.8	98.9	99.2
미국	소비자신뢰지수	p	130.4	132.6	118.8	85.7	85.9	98.3	91.7
	ISM 제조업지수	p	51.1	50.3	49.7	41.7	43.1	52.2	53.7
	ISM 비제조업지수	p	55.9	56.7	53.6	41.6	45.4	56.5	56.6
	Sentix 미국 경제심리지수	p	15.9	20.3	0.2	-39.1	-36.8	-22.3	-17.1
	비농업 신규취업자	thou.	315	289	-1,683	-20,679	2,833	4,846	1,726
	실업률	%	3.5	3.5	4.4	14.8	13.3	11.1	10.2
	시간당 임금상승률	MoM%	0.2	0.3	0.8	4.6	-1.1	-1.3	0.1
	소매판매	MoM%	0.6	-0.2	-8.6	-14.7	18.2	8.7	1.4
	산업생산	MoM%	-0.5	0.2	-3.8	-13.6	1.9	6.2	4.1
	CPI	MoM%	0.2	0.1	-0.3	-0.7	-0.1	0.5	0.5
	Core CPI	MoM%	0.2	0.2	0.0	-0.4	-0.1	0.2	0.5
	내구재주문	MoM%	-4.8	0.9	-20.7	-11.6	10.6	11.3	9.8
	근원 개인소비지출	MoM%	0.17	0.15	-0.10	-0.43	0.20	0.35	0.28
	미국 OECD 경기선행지수	p	99.0	98.8	96.9	91.9	93.4	95.4	97.1
	케이스-쉴러 주택가격지수	p	212.5	213.3	215.3	217.3	218.6	219.9	221.7
중국	제조업 PMI	p	50.0	35.7	52.0	50.8	50.6	50.9	51.1
	비제조업 PMI	p	54.1	29.6	52.3	53.2	53.6	54.4	54.2
	외환 보유액	USD bil	3,115	3,107	3,061	3,091	3,102	3,112	3,154
	수출	YoY%	-2.9	-40.6	-6.9	3.1	-3.5	0.2	6.8
	수입	YoY%	-12.7	7.7	-1.3	-14.4	-16.7	2.3	-1.6
	소비자물가	YoY%	5.4	5.2	4.3	3.3	2.4	2.5	2.7
	산업생산	YoY%	-13.5	-13.5	-1.1	3.9	4.4	4.8	4.8
	고정투자	YTD YoY%	-24.5	-24.5	-16.1	-10.3	-6.3	-3.1	-1.6
	소매판매	YoY%	-20.5	-20.5	-15.8	-7.5	-2.8	-1.8	-1.1
	총사회융자 YTD	CNY bil	5,054	5,927	11,111	14,213	17,400	20,868	22,561
유로존	유로존 제조업 PMI	p	47.9	49.2	44.5	33.4	39.4	47.4	51.8
	소비자신뢰지수	p	-7.8	-6.4	-11.5	-21.9	-18.9	-14.6	-14.9

	2020년					2021년					
	8월	9월	10월	11월	12월	1월	2월	3월	4월	5월	6월
89.7	81.4	92.9	99.0	91.2	95.4	97.4	100.5	102.2	105.2	110.3
0.7	1.0	0.1	0.6	0.5	0.6	1.1	1.5	2.3	2.6	2.4
-10.1	7.3	-3.8	4.1	12.6	11.0	8.5	15.2	40.9	45.6	39.8
6,641	10,335	11,551	9,177	11,507	7,060	7,942	7,816	1,910	10,761	
-3.7	7.3	-2.8	0.1	2.6	7.8	0.8	4.6	12.6	15.6	
-3.8	0.1	-2.5	-1.4	-2.1	-1.8	0.8	7.8	8.3	4.4	
0.4	4.0	-0.2	-1.4	-2.1	-0.2	8.5	11.1	8.7	3.1	
-0.7	17.9	-0.7	5.4	5.6	19.4	7.1	9.6	17.1	11.0	
-5.7	9.6	-4.5	6.7	2.1	-0.6	-1.7	-0.8	3.8	0.0	
99.4	99.8	100.1	100.3	100.6	100.9	101.2	101.5	101.9	102.2	102.5
86.3	101.3	101.4	92.9	87.1	87.1	95.2	114.9	117.5	120.0	127.3
55.6	55.7	58.8	57.7	60.5	58.7	60.8	64.7	60.7	61.2	60.6
57.2	57.2	56.2	56.8	57.7	58.7	55.3	63.7	62.7	64.0	60.1
-15.6	-4.8	-1.1	4.8	9.1	10.7	18.0	25.5	38.6	40.1	39.9
1,583	716	680	264	-306	233	536	785	269	583	850
8.4	7.8	6.9	6.7	6.7	6.3	6.2	6.0	6.1	5.8	5.9
0.3	0.1	0.1	0.3	1.0	0.0	0.3	-0.1	0.7	0.4	0.3
0.8	2.0	0.1	-1.4	-1.2	7.6	-2.9	11.3	0.9	-1.7	0.6
1.1	-0.3	1.1	0.5	1.2	1.1	-3.1	2.7	0.0	0.7	0.4
0.4	0.2	0.1	0.2	0.2	0.3	0.4	0.6	0.8	0.6	0.9
0.3	0.2	0.1	0.2	0.0	0.0	0.1	0.3	0.9	0.7	0.9
2.0	1.6	1.0	2.2	1.5	2.4	1.3	1.3	-0.7	2.3	
0.31	0.18	0.00	-0.01	0.29	0.20	0.15	0.42	0.70	0.48	
97.8	98.1	98.4	98.7	99.1	99.4	99.8	100.1	100.3	100.4	100.7
224.1	226.9	229.9	232.4	234.5	236.4	239.2	244.0	249.0		
51.0	51.5	51.4	52.1	51.9	51.3	50.6	51.9	51.1	51.0	50.9
55.2	55.9	56.2	56.4	55.7	52.4	51.4	56.3	54.9	55.2	53.5
3,165	3,143	3,128	3,178	3,217	3,211	3,205	3,170	3,198	3,222	3,214
9.1	9.4	10.9	20.6	18.1	24.7	154.7	30.5	32.2	27.8	32.2
-2.3	12.7	4.4	3.9	6.5	28.0	18.2	38.5	43.3	50.8	36.7
2.4	1.7	0.5	-0.5	0.2	-0.3	-0.2	0.4	0.9	1.3	1.1
5.6	6.9	6.9	7.0	7.3	35.1	35.1	14.1	9.8	8.8	8.3
-0.3	0.8	1.8	2.6	2.9	35.0	35.0	25.6	19.9	15.4	12.6
0.5	3.3	4.3	5.0	4.6	33.8	33.8	34.2	17.7	12.4	12.1
26,147	29,616	31,009	33,144	34,863	5,194	6,918	10,290	12,141	14,067	17,736
51.7	53.7	54.8	53.8	55.2	54.8	57.9	62.5	62.9	63.1	63.4
-14.6	-13.6	-15.5	-17.6	-13.8	-15.5	-14.8	-10.8	-8.1	-5.1	-3.3

ESI 지표 (경제지표의 추정치 대비 실제 값)

글로벌

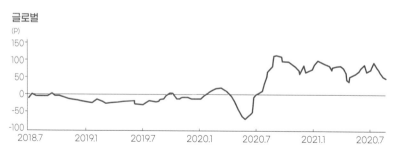

미국

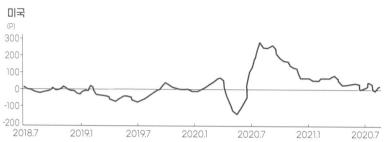

유로존

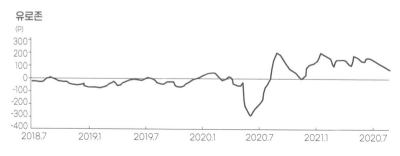

신흥국

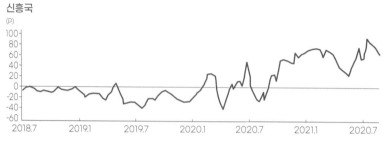

문가들의 추정치와 실제 값의 차이가 점점 줄어들어서 뒤로 갈수록 ESI 지표가 꺾여 내려오는 모양새다. 더 이상 경기에 대한 서프라이즈가 없으므로 모멘텀이 없다고 판단할 수도 있는 것이다.

미국이 먼저 0에 가까워지고 있으며 유로존도 뒤따라 내려오고 있다. 신흥국은 계속해서 고공행진을 보이다가 최근 조금씩 내려오기 시작했다. 경기 서프라이즈가 작아지는 순서는 백신 접종률하고도 관계가 있다. 백신 접종률이 높은 국가부터 순서대로 실적 수치가 내려오기 시작한다.

앞에서 설명한 것이 바로 경기 정상화로 가는 과정이다. 경기에 대한 우려의 목소리가 커졌다가 점차 완화되면, 경기 개선에 대한 자신감이 더 붙는다는 사실을 기억하기 바란다. 미래의 일은 아무도 모르는 것이므로 만약 코로나19가 재확산된다면 이 순서를 기억해 놨다가 적용하면 많은 도움이 될 것이다.

피크아웃처럼 좋게도 해석할 수 있고, 나쁘게도 해석할 수 있는 요인은 양쪽을 들여다보는 과정을 거쳐야 한다. 그래야 이것이 악재인지 호재인지, 또 시장에 반영된 것인지 아닌지를 판단할 수 있다.

3. Fed의 테이퍼링

Fed의 테이퍼링에 대한 우려는 두 가지 측면에서 판단해야 한다. 첫째로 테이퍼링 자체가 악재냐 호재냐 하는 문제다. 논리적으로는 위기를 극복한 상태이므로 도와줄 돈을 줄여서 경제를 정상화

> **테이퍼링**
>
> 테이퍼(Taper)는 폭이 점점 가늘어진다는 뜻의 단어다. 경제에서 테이퍼링이란 Fed가 시장에 유동성을 공급하는 양적완화(쉽게 말해 돈을 풀어서 경기를 부양하는) 규모를 점진적으로 축소하는 것을 가리킨다. 시장에 돈이 줄어들어 물가 상승을 견제하는 효과가 있다.

시키겠다는 것이므로 악재가 아니다. 사실 도와줄 필요가 줄어들었다고 해석할 수 있으므로 그만큼 경제가 정상화되었다고 볼 수 있다.

문제는 '언제' 테이퍼링을 실시할 것인가에 대한 시점의 문제이다. 시점이 정해지지 않는 것 자체는 시장에 불확실성으로 작용하게 된다. Fed가 테이퍼링을 하긴 할 건데 시점을 모르니까 투자자들은 시장과 밀당을 하게 된다. 생각보다 빨리 경기가 꺾일 수 있다고 걱정하는 유형과 그래도 Fed가 어느 정도는 시간을 줄 테니까 지금 당장은 걱정하지 않아도 된다고 해석하는 유형으로 나뉘면서 시장의 변동성에 영향을 주게 되는 것이다.

따라서 우리는 Fed의 연방공개시장위원회(FOMC) 정례회의에 주목할 수밖에 없고 의사결정과 기자회견, 의사록의 문구 하나하나를 해석하게 되는 것이다. 사실 개인투자자들은 이 방향을 예측할 필요도 없다. 어차피 Fed가 결정하는 정책이므로 방향성이 나오면 받아들이기만 하면 된다. 우리가 할 것은 애널리스트들의 해석을 보면서 언제까지 시간적 여유가 있는 것인지, 해당 이슈로 생기는 시장의 변동성에 어떻게 대처하면 되는 것인지 판단하는 것이다.

예를 들어 2021년 7월 FOMC에서 Fed는 "다음 회의 때까지 시장 데이터를 조금 더 관찰해보겠다"고 말했다. 우리는 여기서 반사적으로 '다음 회의가 언제지?'라는 질문이 나와야 하고, '다음 회의는 9월이니까 그럼 이때까지는 테이퍼링 선언이 없겠구나'라는 해석으로 연결할 수 있어야 한다.

한 걸음 더 나아가 해석해 보자. 9월까지는 테이퍼링이 없다는 것은 긴축 재정도 없다는 의미이므로 투자금이 몰리는 성장주에서 다시 반등이 나오겠다고 사고할 줄 알아야 시장에 대응할 수 있다. 실제로 7월에 FOMC 회의가 끝나자마자 미국 시장은 나스닥이 강세를 보이기 시작했고 다시 성장주 중심의 장세가 펼쳐졌다.

4. 중국 규제 리스크

네 번째는 중국 규제 리스크다. 사실 이것은 역사적으로 반복되던 사건이다. 좋은 일이 계속되면 나쁜 일을 잊어버리기 쉬운 법이다. 그동안의 글로벌 증시와 중국 증시가 양호했고 중국의 성장주역시 높은 수익률을 안겨주다 보니 중국이 공산주의 체제라는 것을 잊고 투자했던 것이다. 물론 중국 정부도 경제의 성장률이 꺾이고, 사기업이 망할 정도로 규제를 하지는 않는다. 균형과 견제가 필요하다고 생각하는 수준까지만 어느 정도 관여하는 것이다.

원래도 종종 있었던 일이지만 이번에는 비슷한 문제가 연속적으로 발생하면서 그간 잊고 있었던 중국 시스템의 위험성이 부각되었고, 그래서 많은 외국인 투자자들이 이탈했다. 이에 증권시장이 급락하면서 한국 지수에도 영향을 줬던 것이다. 따라서 이것은 악재이긴 하지만 일시적인 발작 증세라고 판단하면 된다. 단기 낙폭이 컸던 종목은 매수로 대응해 이를 기회로 활용하면 되는 것이다.

5. 외국인 매도세

다섯 번째는 사실 해석하기 어려운 문제다. 다수의 참가자가 있는 주식시장에서 참가자들이 왜 그 주식을 파는지 명확하게 알 수 있는 방법은 없다. 같이 회의를 하지 않는 이상 후행적으로 추론해 볼 수밖에 없다는 이야기다.

증권사 리포트를 보면 환율과 외국인 수급을 연관 지어서 설명한 글이 많다. 원화가 달러보다 강해지는 국면으로 갈 것 같으면 환차익과 시세차익을 동시에 추구하려는 외국인이 시장에 진입하게 되고, 반대의 경우는 이탈하게 되는 것이라는 해석이다. 분석을 해야만 하는 입장에서는 논리적으로 접근할 수밖에 없기 때문에 당연한 해석이다. 그러나 매매를 직접 하는 입장에서는 이러한 해석보다는 외국인 매도가 매수로 바뀔 것인지 아닌지에 대한 방향성이 중요한 문제다.

다음 그래프는 외국인의 KOSPI 누적순매수 추이를 표현한 것이다. 2008년 리먼 브라더스 사태 이후의 회복 국면에서 한국 주식시장에 진입한 외국인 순매수 규모는 약 80조 원에 달한다. 시간이 지나 2019년부터는 순매도로 방향이 전환되었다. 누적순매수가 순

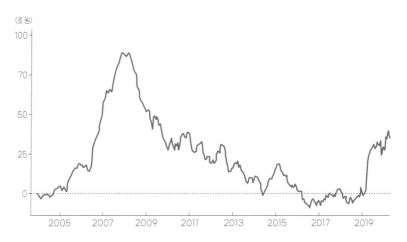

매도보다는 높지만 계속해서 매도하는 추세이며 2021년 6월 기준 순매도 규모는 2010년과 비슷한 수준이다.

　필자도 환율과 외국인 매도의 상관관계를 통해 변곡점을 잡아보려고 했다. 예상외로 어떤 변수를 찾아내지는 못했지만 외국인 매도세의 특징을 두 가지 발견할 수 있었다. 하나는 일관된 매도를 보였다는 것이고, 다른 하나는 이렇게 엄청난 매도세를 보였음에도 불구하고 KOSPI 시장에서 외국인투자자가 차지하는 비중은 33% 대로 꾸준히 그 수치가 유지되고 있었다는 것이다.

　그래프를 보면 외국인 투자자들은 한국 주식을 샀던 돈의 절반 이상을 팔았다. 그런데 비중은 유지되고 있다는 것이다. 즉, 한국 시장의 지수가 올라서 일부를 팔았지만 외국인투자자들의 포트폴리오에서는 한국 비중이 유지되고 있다는 것이다. 해석하자면 외국인투자자 입장에서 한국은 MSCI EM(Emerging Market) 지수에 편입되어 있는 신흥국일 뿐이며, MSCI EM 지수에서도 비중이 축소되고 있는 나라이므로 그저 인덱스 비중 유지 수준에서 매매하고 있다는 뜻이다. 따라서 외국인투자자가 그저 덜 팔기를 바라거나 단기적인 원화 강세 국면에서의 순매수를 바라는 정도로만 기대해야 한다. 한국 주식을 사려는 추세가 만들어질 거라고 해석하면 안 된다는 말이다. 외국인이 한국 주식시장의 성장에는 큰 관심이 없다는 것은 외국인 수급을 볼 때 전체 시장을 반영하는 KOSPI 지수보다는 더 많은 수익을 가져다줄 성장주를 중심으로 봐야 할 거라고 생각할 수도 있다.

물론 외국인이 매도를 계속하면 시장에 좋은 것은 아니지만 2019년 이후로 외국인투자자가 한국 시장을 도와준 적은 없다. 그럼에도 KOSPI는 신고가를 갱신했으며 한국의 신산업 성장주들은 상승세를 유지하고 있다. 따라서 지수보다는 종목에 집중하는 전략이 유용할 것이다.

시장 대응 전략이라고 해서 조금 길고 상세하게 방법론적으로 설명했지만 결론은 간단하다. 상승하려는 힘과 하락하려는 힘이 싸우고 있는 전선이 있다면 각 요인들을 점검해 보면서 이에 대응하자는 것이다. 어느 쪽의 힘이 더 강력한지, 어느 쪽의 힘이 더 약해질 것인지를 파악하면서 상승할 시장인지 하락할 시장인지 예상해

보는 것이다.

시장의 악재가 일정 시간이 지나면서 단계적으로 해소될 것이라고 판단했다면 '주가 하락 시 매수'라는 대응책을 꺼내면 된다. 반대로 호재가 식상해지고 새로운 모멘텀도 제공되지 않는 상황에서 악재가 강해지거나 새롭게 만들어진다면 '반등 시 매도'로 대응하면 된다.

내가 가진 종목은 이런 시황에 동조할 것인지 아닌지를 판단하면서 포트폴리오의 비중을 조절하게 된다면 시장 전략을 세우는 효과를 제대로 볼 수 있을 것이다.

SUMMARY

- 사는 장인지 파는 장인지 장세의 방향성을 판단하는 것부터 시작하자.
- 장세의 방향성을 알고 있으면 보유 종목에 대한 투자 조절이 쉬워진다.

28

KOSPI는
얼마나 오를 수 있을까?

한국 시장의 분위기(시황)를 파악하려면 거시경제에서 한국의 위치 (전 세계 GDP 10위)뿐만 아니라 현재 시장의 위치도 판단해야 한다. 2021년 5월 말을 기준으로 보면 아무리 시장이 힘들어도 KOSPI 지수의 하단은 꾸역꾸역 상승해서 3000~3100 포인트까지 올라왔다. 아무리 좋은 호재가 나와도 차익을 실현하는 움직임이 동반되므로 3150, 3200, 3250 포인트처럼 단계별로 조금씩 상승하는 현상이 보이는지 파악해 봐야 한다. 그리고 이에 대한 판단이 서면 방향성 이나 투자의 액션이 정해지게 될 것이다.

다음 204~205쪽의 표는 MSCI 기준으로 지역(국가)별 종합주

가지수와 밸류에이션, EPS 증가율 등을 정리한 것이다. 한국은
YTD(Year to date) 수익률이 상위권
에 있다. 실제로 1분기까지는 한국
증시가 글로벌 증시 중에서도 최상
위의 수익률을 보여줬다. 반대로 빨
리, 많이 올랐기 때문에 최근 수익률

YTD
올해 첫날부터 현재까지의 누적
수익률과 작년 동일 기간의 누적
수익률을 비교한 증감률을 가리
킨다.

이 저조했던 것이라고도 설명할 수 있을 것이다.

그럼에도 주가가 더 떨어지지 않고 하방을 견고하게 유지할
수 있는 것은 향후 EPS 증감률(Forward EPS Change)의 모멘텀이
좋은 편이기 때문이다. 과거에 주가가 고점이었을 때는 코스피가
3250포인트에 밸류에이션은 15배 수준이었는데, 작성 당시 기준으
로 2021년의 PER은(FY1)은 12.2배로 밸류에이션에 대한 부담도 낮
아졌다. 주가는 그대로인데 밸류에이션이 낮아졌다는 것은 그만큼
실적 예상치가 상승했다는 것이다. 따라서 펀더멘털이 주가의 하방
을 유지해주고 있다고 해석할 수 있다. 동시에 밸류에이션도 낮아지
기 때문에 투자자의 부담감 역시 동반 하락할 수 있는 것이다.

따라서 향후 실적 추정치에 대한 신뢰도가 상승한다면 지수가
저평가받은 것으로 판단되는 구간이 발생한다. 지수가 조금 가볍
게 튀는 현상도 발생할 수 있고, 단기적으로 빠졌다가 바로 매수세
가 유입되면서 반등이 나올 수도 있을 것이다. 우리는 정해놓은 지
수의 하단에서 매수를 하고, 상단에서는 차익을 실현하는 방법으로

국가별 종합주가지수와 (예상) 주당순이익 증가율

	Index (P)	Index Chg(%)				PER(배)			
		1W	MTD	1M	YTD	Fwd	FY1	FY2	3YAvg
전 세계	701.3	1.9	-0.1	0.6	8.5	18.3	19.2	17.3	16.5
선진국	720.8	1.7	0.1	0.9	9.4	19.3	20.2	18.2	17.2
북아메리카	4,223.1	1.4	-0.6	0.6	10.2	21.3	22.4	20.2	18.6
유럽	2,035.3	2.2	2.6	3.3	10.6	16.5	17.2	15.5	14.7
태평양	161.9	2.6	0.2	-1.5	2.2	16.4	16.9	15.2	14.8
신흥국	1,329.3	2.8	-1.4	-1.4	2.9	13.7	14.3	12.9	12.7
아시아	725.4	3.3	-2.5	-2.5	1.7	15.0	15.6	13.9	13.4
라틴아메리카	2,484.2	0.9	4.6	3.0	1.3	10.4	10.3	10.5	12.6
유럽, 중동, 아프리카	270.7	1.3	2.5	2.9	12.2	10.6	11.1	10.0	9.8
미국	4,028.4	1.4	-0.8	0.3	9.8	21.7	22.8	20.6	18.9
프랑스	2,282.4	0.7	0.8	2.3	13.1	17.6	18.7	16.3	15.0
독일	1,102.3	1.2	0.3	-0.4	8.8	15.1	16.0	14.0	13.8
영국	1,975.3	0.7	1.1	2.7	9.1	13.1	13.6	12.6	13.0
오스트레일리아	1,389.1	0.6	0.6	0.9	7.8	17.5	19.6	17.3	16.6
일본	1,157.1	2.6	-0.2	-1.6	4.8	16.0	16.4	14.6	14.4
홍콩	18,602.6	2.2	-0.5	-0.8	9.7	17.6	18.6	16.4	15.2
중국	106.5	5.2	-2.1	-2.2	-1.2	15.1	16.1	13.7	12.6
인도	1,726.9	1.3	2.4	4.5	7.9	21.6	22.2	19.0	19.3
한국	3,162.3	1.3	0.5	-1.8	10.1	11.8	12.2	11.3	11.1
대만	647.5	3.0	-7.6	-6.7	9.5	15.9	16.4	15.2	15.4
태국	496.9	-0.4	-2.8	-3.3	3.1	17.3	18.5	16.0	16.0
러시아	734.7	0.3	4.9	-6.9	9.9	6.8	7.0	6.6	6.3
인도네시아	6,014.5	-1.8	-3.0	-4.0	-8.8	14.5	15.8	13.1	14.9

자료: Bloomberg

PBR(배)				EPS(%, YoY)				Fwd EPS Chg(%)		
Fwd	FY1	FY2	3YAvg	Fwd	FY1	FY2	3YAvg	1M	3M	6M
2.63	2.72	2.51	2.18	-11.5	23.0	37.0	10.7	4.0	7.2	11.7
2.82	2.91	2.70	2.32	-12.8	22.2	35.1	10.7	4.0	7.2	11.7
3.95	4.14	3.76	3.15	-10.0	21.8	35.0	10.6	4.5	7.6	12.8
1.95	1.99	1.89	1.68	-26.3	26.0	41.8	10.7	3.5	6.3	9.1
1.46	1.48	1.40	1.28	2.4	16.6	24.9	11.1	2.6	6.9	10.9
1.79	1.86	1.70	1.52	-4.1	28.2	47.4	11.0	3.9	7.3	11.9
1.87	1.94	1.77	1.55	5.4	24.7	36.1	12.9	3.3	5.1	8.5
1.83	1.90	1.73	1.76	-35.3	54.6	160.1	-2.1	11.0	21.2	34.6
1.40	1.45	1.35	1.22	-24.8	30.6	60.3	11.1	2.6	9.4	16.0
4.16	4.36	3.95	3.29	-8.8	21.5	34.0	10.8	4.6	7.4	12.7
1.79	1.83	1.74	1.50	-43.0	41.0	73.4	14.5	3.1	5.8	8.7
1.67	1.71	1.62	1.44	-14.2	26.3	39.8	14.1	4.4	6.9	9.9
1.70	1.74	1.64	1.56	-36.7	31.5	60.8	7.3	3.4	9.4	14.9
2.17	2.22	2.17	1.91	-20.4	13.8	26.8	13.2	4.3	10.7	19.6
1.36	1.38	1.30	1.20	21.2	15.9	18.0	12.5	2.5	6.9	10.5
1.31	1.34	1.27	1.14	-26.6	22.7	32.8	13.6	-0.2	1.5	0.9
1.89	1.97	1.77	1.60	3.5	17.1	18.0	17.1	-0.3	-1.0	-1.2
3.12	3.18	2.85	2.64	6.9	33.1	37.7	16.6	1.9	4.2	11.1
1.17	1.22	1.12	0.92	19.7	46.7	102.5	7.5	10.5	11.4	23.2
2.47	2.52	2.37	1.90	25.6	20.3	31.8	8.1	5.9	13.2	23.3
1.71	1.75	1.66	1.72	-43.1	34.7	53.1	15.3	1.8	4.4	8.9
0.84	0.87	0.81	0.71	-48.3	46.4	107.8	5.1	7.2	20.1	29.7
2.04	2.11	1.94	2.22	27.0	27.5	34.3	20.5	-0.4	-1.5	-1.0

자료: Bloomberg

시장의 변동성을 활용할 수 있다. 필자가 꼭 강조하고 싶은 것은 이러한 표를 통해서 주가를 맞췄다는 안도감을 얻으라는 게 아니다. 투자의 심리적 안정감과 방향성을 설정하면 전략이라는 것이 생기므로 항상 데이터를 정리하며 시장을 판단해 보라는 것이다.

개인투자자가 이런 표를 만들기는 어렵겠지만 증권사 리포트에는 항상 비슷한 표들이 첨부되므로 수치의 변화를 잘 추적해 보기를 바란다. 필자와 같은 기관투자자는 이런 지표들이 곧 소통하는 언어다. 절대적으로 수치에 반응한다고는 말할 수 없지만 근거나 명분이 필요할 때는 반드시 수치를 찾게 되어 있다. 따라서 수치가 매력적으로 보이는 구간이나 산업, 종목은 항상 매수의 관점에서 준비하는 것이 좋다. 주가가 상승하기 시작할 때 선제적으로 대응을 할 수 있기에 여러모로 유리할 것이다.

SUMMARY

- 현재 지수는 쉴 구간인지, 하단을 견고하게 다지는 구간인지 판단하라.
- 지수의 상단이 눌리는 이유, 지수의 하단이 유지되는 이유가 보이면 이 구간이 매수·매도의 기준선이 될 것이다.
- 수치의 변화, 수치의 레벨에서 투자 포인트가 발생한다면 미리 대비하라. 기관투자자들도 이를 기준으로 투자를 한다.

29

현실에 맞는
기대수익률을 설정하라

이번에는 기대수익률을 설명해보려고 한다. 다음의 KOSPI 그래프를 보면 2020년 연간의 변동폭과 2021년 현재 시점까지의 변동폭이 다르다는 것이 한눈에 보인다. 즉, 1년간 시장이 형성한 저점과 고점, 종가의 폭과 레벨이 다르다는 말이다. 2020년의 저점과 고점은 정확하게 99.95%의 변동폭을 기록했다.

한마디로 2020년 3월 저점에서 매수해서 연중 고점이었던 연말까지 보유했다면 약 100%의 수익률이 가능했다는 말이다. 지수에 투자해도 100%라는 수익률이 나올 수 있었던 구간이므로 개별 종목에 투자했다면 2배는 가져갈 수 있었다. 실력이 좋으면 3~4배,

KOSPI 변동폭 비교(2020년 vs. 2021년)

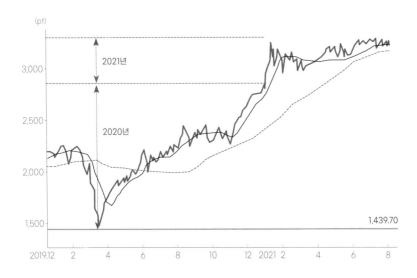

운까지 좋으면 10배 이상의 수익률도 가능했을 것이다. 이 정도로 수익률이 좋으니 수많은 돈이 주식시장에 유입되었고 그 결과, 2020년은 주린이, 동학개미운동이라는 신조어까지 생기는 등 신규 투자자들을 탄생시키는 활발한 장이었다.

이에 비해 2021년은 저점과 고점의 변동폭이 약 15% 수준이다. 종가를 기준으로 비교하면 2019년 대비 2020년 상승률은 30.65% 인 반면 2021년 연초 대비 현재까지의 상승률은 15%에 그친다.

사실 타 국가와 비교해도 한국 증시는 상위권에 속하는 수익률 이며 올해 한국 시장은 역사적 신고가까지 기록했지만 정작 투자자 들은 모두 힘들어하고 있다. 투자자들의 기대수익률이 2020년 증시에 머물러 있기 때문이다. 작년에는 못해도 수익률이 100%였는데 올해 수익률은 잘해야 20~30%이고 잘못하면 마이너스 수익률이 나올 가능성이 높기 때문이다.

섹터별로 살펴보면 문제가 한층 더 심화된다. 다음 210쪽의 표는 2021년 현재까지의 KOSPI 섹터별 수익률이다. 여기서 제일 하단의 '전체'라고 표시된 행은 KOSPI 지수의 수익률이다. 전체 수익률만 봤을 때는 양호한 수준으로 보인다. 한국은 7월을 제외하면 마이너스 수익률이 발생한 적이 없으므로 꾸준히 상승한 셈이다.

이제 섹터별로 살펴보자. 월별로 돌아가면서 섹터가 오르는 것을 보면 순환매가 빨랐다는 것을 알 수 있다. 마이너스 수익률이었던 것이 10% 이상으로 오르는 섹터도 있어 다른 섹터와 차별화된 매력을 보이기도 했다. 따라서 2021년은 2020년과는 다르게 '선택과 집중'이 필요했던 시장이다. 선택에 따라 수익률이 달라지기 때문에 실력 차이가 드러나는 시장이라고 말하는 것이며, 신중하게 의사결정을 해야 하는 만큼 투자 난이도가 올라갔다고 볼 수 있다.

그런데 특히 문제가 되는 것은 KOSPI 지수가 1~3% 내외의 상승률밖에 되지 않는다는 것이다. 개별 종목의 수익률이 아무리 좋다고 하더라도 2020년과 비교하면 상당한 차이가 발생했을 것이라는 말이다. 종목 선택에 따라 편차가 클 뿐만 아니라 소외된 종목으로 잘못 선택한 경우에는 마이너스 수익률이 발생하고 만다. 기대수익률과 실제 수익률의 괴리가 점차 벌어지면서 투자자들의 심리

2021년 KOSPI 섹터별 월별 수익률

섹터명	1월	2월	3월	4월	5월	6월	7월
음식료품	1.7	1.5	3.5	-1.6	12.1	-3.0	-2.1
섬유의복	5.1	17.5	0.4	19.9	6.2	8.6	-0.1
종이 목재	0.3	3.9	10.6	3.3	1.2	2.9	-0.4
화학	10.1	-0.2	0.5	8.5	-3.3	4.1	-4.0
의약품	-8.5	-6.1	-1.7	-1.0	3.2	1.1	1.0
비금속광물	13.8	11.9	6.0	0.5	-1.2	1.6	1.0
철강금속	-5.0	9.8	12.0	16.8	-1.5	-1.7	5.4
기계	-1.2	-3.5	17.4	2.7	11.8	4.0	-1.6
전기전자	3.6	1.4	-1.8	-0.3	-1.5	2.2	-1.9
의료정밀	-2.0	9.9	5.2	4.1	-3.4	8.9	-2.0
운수장비	18.6	0.0	0.0	-2.3	6.4	3.6	-4.0
유통	-0.7	2.0	2.9	3.4	4.2	-0.5	-0.9
전기가스	-12.7	0.4	2.2	3.7	6.5	-0.1	-1.0
건설	1.0	0.4	10.2	7.1	8.1	0.8	-1.7
운수창고	6.1	7.8	7.5	9.1	10.9	0.8	-4.0
통신	1.9	2.6	9.4	7.8	9.2	-0.8	-2.6
금융	-0.4	1.8	8.8	7.7	2.2	0.1	-3.8
은행	-9.9	6.2	10.4	5.1	11.4	-2.7	-1.7
증권	0.1	-0.9	9.1	7.9	-0.6	0.3	-3.4
보험	-8.4	7.1	7.6	4.3	3.7	0.7	-3.1
서비스	6.9	3.3	0.9	1.8	6.2	11.6	-0.5
전체	3.6	1.2	1.6	2.8	1.8	2.9	-2.0

자료: Bloomberg, 2021년 7월 27일 기준

는 시간이 갈수록 위축되었을 것이며 이는 시장의 비관적인 전망에 민감하게 반응하는 결과를 초래했을 것이다.

다시 한번 말하지만 수익률을 잘 낼 수 있는 시장이 있고 그렇지 않은 시장이 있다. 따라서 시장마다 전략을 달리해야 하는 것은 물론, 투자자가 생각하는 기대수익률의 높낮이도 조절해야 한다.

작년이 좋았다고 올해가 좋으라는 법은 없다. 변화무쌍한 '미스터 마켓'과 싸워야 하는 우리로서는 '이러이러한 시장이었음에도 불구하고 수익을 쟁취했고 이 정도로 양호한 성과였다'고 생각하는 것이 중요하다. 시장의 특성에 맞는 기대수익률을 냉정하게 설정하는 것 역시 좋은 투자의 지침이 될 것이다.

SUMMARY

- 시장에 맞는 기대수익률을 설정하자.
- 이상과 현실에 괴리가 생기면 투자자는 위축될 수 있다.
- 현실성 있는 목표가 만족스러운 성과를 도출하듯이 시장에 맞는 수익률을 기대해야 안정적인 투자로 이어질 수 있다.

제3부

주가를 결정하는
키 팩터를 찾아라

기 업 을   공 부 하 는   방 법 : 보 텀 업   접 근

이번 장에서는 주식 투자의 마지막 단계이자 핵심인 '기업을 공부하는 방법'을 알아볼 것이다. 거창하게 기업을 공부하는 방법이라고 표현했지만 사실 목표가를 설정하는 방법을 배우는 것이다. 목표가를 제대로 설정하는 과정이 우리가 주식을 잘 사고, 잘 팔게 도와줄 것이다. 어쩌면 애초부터 특정 종목은 사지도 않게 도와줄 수도 있을 것이다.

기업을 공부하는 방법도 다양하다. 앞에서도 언급했지만 깊게 공부한 기업을 10개만 가지고 있어도 투자하는 데 평생 어려움이 없을 것이다. 이러한 주식을 갖기 위한 방법을 이 장에서 정리해 보고자 한다.

여기서는 필자가 실제로 사용하는 방법을 예시로 들면서 설명하고자 한다. 주식이라는 것은 너무 자세하게 알아도 필요 없는 부분이 있고, 너무 간단하게만 알면 어려움이 있는 부분이 있다. 그래서 '적당히 아는 것'이 중요한데, 여러분들에게 전달할 내용이 적당히 필요하면서도 실제 투자에도 도움을 줄 수 있는 내용이었으면 하는 바람이다.

30
기업 분석 리포트를
작성하라

종목을 공부할 때는 반드시 기업 분석 리포트를 작성해 보기를 권한다. 사업을 준비하면서 무언가를 정리하거나 글을 써보는 습관이 있는 사람들은 이것이 어떤 의미인지 이해하기 쉬울 것이다. 글로 쓰면서 정리하는 것과 하지 않는 것은 격차가 크다.

필자 역시 아직도 기업 회의를 하면 리포트를 작성해서 정리하고 아침 회의 시간에 발표한다. 이건 본부의 모든 펀드매니저들에게도 지나칠 만큼 강조, 강요하는 부분이기도 하다. 배운 게 도둑질이라고 필자도 처음 선배들한테 교육을 받을 때 산업 리포트를 작성하고, 검토를 통과하면 업종 대표주를 주제로 인뎁스 리포트를 작성했다. 그다음에는 산업의 밸류체인에 속하는 중소기업을 하나씩 정리하는 과정을 거쳤다. 그 당시에 주식은 '일'이었기 때문에 일을 배우는 그 과정이 처음에는 너무 힘들었다. 하지만 이 과정을 해냈기에 지금 이렇게 바쁘게 움직이면서도 실수를 덜 하면서 투자하고 있다고 생각한다. 사실 필자가 자부하는 공부 방식이기도 하다.

처음 리포트를 쓸 때는 엄청 많은 시간이 걸렸다. 산업 리포트는 A4 용지 기준으로 20~30장 정도 작성하고, 대형주 인뎁스 리포트도 15장씩 작성했다. 워드가 아니라 엑셀로 작성하는데 정말 많은 양이 들어가서 힘들었다. 하지만 계속 훈련하다 보니 산업 리포트를 하나 작성하는 데 15일 이상 걸리던 것이 어느새 2~3일로 줄어들었다. 대형주 인뎁스 리포트도 1주일 이상 걸리던 것이 1~2일이면 충분했고, 중소기업 미팅 후 1~2일에 걸쳐 작성하던 탐방 리포트는 미팅 끝나는 순간, 어느새 PDF로 전환되어 완성되는 수준이 되었다.

지금까지 함께 일해왔던 동료와 후배들 역시 숙달이 되면 될수록 속도가 빨라졌다. 처음이 어렵지 익숙해지면 쉽다. 필자가 이 방식이 맞다고 강조하는 건 펀드매니저라는 하나의 공동체가 모두 같은 과정을 밟기 때문이다. 본부에 속한 여러 명의 펀드매니저와 애널리스트가 각자의 방식대로 공부하고 정리하고 발표한다면 문체나 형식 등에서 통일성이 없어 보고 받는 사람은 모든 내용이 따로 노는, 눈과 귀가 전혀 집중되지 않는 현상이 발생한다.

따라서 언어와 형태를 통일해서 정리하면 리포트를 작성한 사람이 누가 됐든지 정보를 받아들일 때 거부감이 줄어들고 시간이 지나서 글을 다시 읽더라도 눈에 잘 들어온다. 실제로 필자가 관리했던 또는 관리하고 있는 모든 리포트의 형식은 항상 똑같다. 심지어 글꼴과 글자의 크기까지 다 지정해서 모두가 이 서식을 따라 작성했고 지금까지도 그렇게 하고 있다. 이렇게 쌓인 리포트는 회사와 매니저 자신에게 큰 자산이 된다고 믿고 있기에 앞으로도 계속 이렇게 진행할 생각이다.

자산운용사 중심으로 이야기가 전개되었지만, 여기서 강조하고 싶은 것은 한 번이라도 체계적으로 정리해서 기업을 공부해보자는 것이다. 글을 읽을 때 중간중간 등장하는 분석 리포트는 필자의 회사에서 사용하는 것인데 꼭 이와 동일하게 할 필요도 없다. 사실 똑같이 따라 하려면 유료 사이트를 이용해야 하는데 주식을 처음 접하는 초보투자자들에게는 어려운 일이 될 것이다. 따라서 각자의 방식을 만들어 정리하기를 바란다. 정리하는 폴더를 만들어 파일을 하나씩 축적해도 되고 클라우드를 활용하여 내용을 계속적으로 업로드해도 된다.

형태는 자유지만 반드시 담아야 하는 내용은 있다. 제품 가격(P), 판매량(Q), 원가(C), 밸류에이션(V)은 꼭 확인해야 한다. 제품 가격에 판매량을 곱하면(P×Q) 매출액을 예상할 수 있고, 비용과 원가를 알면 영업이익을 알 수 있다. 밸류에이션은 '목표가' 또는

'목표로 하는 시가총액'을 파악하는 데 도움이 된다. 따라서 4가지 항목은 반드시 정리하는 것을 권한다. 리포트 형식이 궁금하다면 책의 뒷 부분에 실린 '한눈에 보는 기업 리포트'를 참고하기 바란다.

리포트 작성 시 필수 요소

제품가(P) × 판매량(Q) = 매출액

매출액 - 비용·원가(C) = 영업이익

영업이익 × 밸류에이션(V) = 목표가 또는 목표 시가총액

SUMMARY

- 각자만의 방식을 만들되 반드시 기업 분석 리포트를 작성하자.
- 글로 직접 정리를 해본 것과 안 해본 것의 격차는 상상 외로 크다.
- 정리하는 방식은 일관성을 가져야 하며 한 곳에 축적하는 것이 좋다.
- 그리고 여기에 담길 내용은 P, Q, C, V다.

31

반복되는 회사의 역사,
연혁을 알면 회사의 미래가 보인다

필자가 처음 접하는 회사를 공부할 때 첫 번째로 공부하는 것은 회사 연혁이다. '역사는 되풀이된다', '역사를 알면 미래가 보인다'는 말들은 회사를 볼 때도 적용된다. 회사의 연혁을 보면 창업자가 회사를 설립한 시점부터 현재까지 어떤 과정을 거쳐서 성장해왔는지 순서대로 정리되어 있다. 물론 회사에서도 의미 있는 일련의 과정만 정리한 것이므로 좋은 내용들만 정리되어 있는 것도 사실이다.

하지만 '자기 자랑이니 믿지 말자'라고 지나치면 안 되는 게 회사는 그 일들을 겪으면서 현재의 위치까지 성장해온 것이다. 그래서 어떤 내용을 강조하고 있는지 파악하는 것이 중요하다. 그런 모습들이 회사가 실천하고 있는 현재 모습이라고 볼 수 있다. 최근에 발생한 사건이 있다면 회사가 어떤 모습으로 미래를 그려갈지 파악하는 데 큰 도움이 될 것이다.

회사의 연혁은 쉽게 파악할 수 있는데 보통 회사 홈페이지에 정리되어 있다. 금융감독원 전자공시시스템에서도 볼 수 있는데, 회사별로 공시하는 사업보고서의 최상위 목차에 회사의 연혁이 나온다. 다음 222쪽 그림들이 바로 그 예시다.

이렇게 일목요연하게 정리된 내용만 보고 '좋은 회사구나!'라고 단순하게 받아들이라는 것이 아니다. 회사가 어떤 기술을 언제부터 개발했으며 그 과정에서 어떤 우여곡절을 거치며 현재의 수준에 도달했는지를 파악해야 한다. 회사의 성격과 오너의 경영철학 등도 확인할 수 있다. 대기업인 경우 그룹 내에서 기업의 역할과 위치도 파악할 수 있다.

기업명을 적지는 않겠지만 위의 상황을 보여줄 수 있는 대기업을 예로 들어보겠다. 이 회사는 지속적으로 기술을 개발하고 성장시키고 그 사업부를 분사시킨다. 설립 이후부터 수십 년 동안 이런 과정을 반복해왔다. 이 회사는 그룹 내에서 계속해서 기술을 개발하는 역할을 담당하는 것이다.

그렇다면 그룹에서 이렇게 중요한 역할을 하는 이 기업 주가는 어떻게 될까? 기술 개발에 따른 모멘텀으로 상승하던 주가는 분사를 하면서 하락하게 된다. 타 기업에 기술을 주는 것이기 때문이다.

자료: 삼성전자 홈페이지, 금융감독원 전자공시시스템

이 과정에서 주주는 희망 뒤에 좌절을 겪는 과정을 무한 반복하게 될 것이다. 이것을 알고 있다면 우리는 과연 이 기업이 선보일 새로운 모멘텀에 열광하면서 투자를 할까? 아마도 '어차피 나중에 안 좋은 일 겪을 테니 안 하고 말지'라며 투자 후보에서 거두게 될 것이다. 아니면 하더라도 정말 짧은 트레이딩만 하고 말게 될 것이다.

　동일 섹터 내에 있는 같은 제품군이지만 기업마다 영역이 다르게 설정되어 있을 수도 있는데, 이것은 역사를 모르면 이해할 수 없는 부분이기도 하다. 산업재 섹터의 종목은 과거 한국의 산업개발 시대에 정부가 역할을 분담하면서 투자 기업이 인위적으로 결정된 경우가 많았다. 이런 사정도 모르고 산업재 섹터가 좋다고 밸류체인에 있는 모든 기업을 사면 어떻게 될까? 산업단지개발에 따른 수혜주를 찾아야 하는데 내막을 모르면 국가가 인프라 투자를 한 기업에 투자할 수도 있다. 이것도 모르고 투자한 사람은 다른 산업재 주식은 다 오르는데 내 주식만 오르지 않는, 이해할 수 없는 수익률의 괴리를 보며 괴로워할 것이다.

　따라서 연혁을 공부할 때는 역사를 공부한다는 생각으로 하나씩 음미할 필요가 있다. 기술이 발전하는 과정을 따라가도 되고 기업의 역할을 이해하는 시간을 가져도 된다. 창업자가 정정하여 본인의 스타일을 그대로 운영하고 있다면 대부분의 기업 마인드는 바뀌지 않으므로 앞으로의 역사 또한 크게 바뀌지 않을 것이다. 경영진의 세대교체가 일어난다면 이때는 변화를 생각해 봐야 한다. 이러한 모든 것들을 고려하면서 회사의 연혁을 공부하면 미래의 방향성을 파악하는 데 큰 도움이 된다. 기초를 닦는다고 생각하면서 역사를 들여다볼 것을 권한다.

SUMMARY

- 연혁은 회사 홈페이지, 전자공시시스템 분기보고서에서 확인할 수 있다.
- 기업의 연혁 속에 현재와 미래가 있다.
- 연혁을 통해 기업의 강점과 역할을 파악하라.
- 반복되는 역사처럼 기업도 특정한 행위를 반복하는 경향이 있다. 다만, 경영진의 세대교체가 있다면 새로운 방향성을 파악해야 한다.
- 연혁은 산업과 기업을 이해하는 초석이 될 것이다.

32
주가 속에 주가를 결정하는
'키 팩터'가 있다.

연혁을 정리하고 나면 상장 이후 주가의 흐름을 정리하기를 권한다. 사실 둘 다 역사를 정리하는 과정이다. 연혁이 회사의 역사를 정리하는 것이라면 주가의 흐름은 주식의 역사를 정리하는 것이다.

상장 이후의 주가 흐름을 볼 때, 시계열이 길면 주봉이나 월봉을 활용해도 된다. 어찌 되었든 기업이 상장하면 주가는 차트라는 과거를 남긴다. 차트는 당연히 상승, 급등, 하락, 급락, 횡보 등의 다양한 국면을 보이게 된다. 필자는 다음 227쪽의 그림에서 보이는 것처럼 차트를 1국면, 2국면 등의 형태로 인위적으로 시점을 구분했다. 사실 주가는 과거의 모든 흐름을 볼 이유가 없다. 모든 것을 다 복기하는 것은 오히려 시간 낭비다. 큰 줄기만 파악하면 되기 때문에 굵직굵직한 흐름을 따라 직관적으로 구분하는 것이 좋다.

국면을 나누면 주가의 방향성이 보이는데 우리는 그 방향성에 대한 이유를 찾으면 된다. 펀드매니저들은 주로 Fnguide, Wise report, Bloomberg 등 다양한 유료 사이트를 활용하여 리포트를 수집하는데 이 자료들을 요약하다 보면 당시의 주가 흐름에 대한 이유를 파악하게 된다. 유료 사이트에 가입하지 않아도 당시의 뉴스를 검색해보는 것만으로도 대략적인 이유 정도는 알 수가 있다.

구간별로 주가의 흐름을 좌우했던 요인을 찾았다면 주가 흐름 그래프에서 구분한 국면과 함께 정리한다. 그러다 보면 주가의 주요한 요인, 즉 키 팩터(Key factor)를 파악할 수 있게 될 것이다. 예를 들어 IT 장비주는 펀더멘털보다 수주 모멘텀에 반응한다든지, 증권주는 실적 호조보다는 주가 지수의 방향성에 반응한다든지, 중국 소비주는 '한한령 해소' 뉴스에 반응했다든지, 정유·화학주는 실적보다 유가의 흐름에 반응했다든지를 확인하면서 특정 요인을 찾아내는 것이다.

주가에 영향을 미치는 키 팩터 예시

IT장비주	증권주	중국 소비주	정유·화학주
수주 모멘텀	주가 지수	한한령 해소	유가 흐름

S기업의 상장 이후 주가 흐름

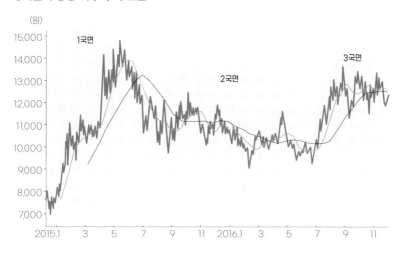

각 국면의 내용 정리의 예

1국면

- 신제품 확대, 글로벌 소재 기업 부각, PI 필름 1위 기업
- 15년 1분기부터 호실적 발표
  * 밸류에이션 상승

3국면

- OLED 투자 시대 부각에 따른 Foldable, Rollable 최대 수혜주 부각

2국면

- 2015년 2분기 실적 부진: 1분기 전방에서의 재고 축적 효과, 2분기 판매 부진의 영향
- FPCB, 방열시트 제품군 매출 감소가 실적 부진 직격탄
- 2015년 11월 미국 캘리포니아주 지방법원에서 진행 중인 일본 Kanaka와의 특허 침해 소송 관련 배심원 평결에서 침해한 것으로 평결: 약 $1344만 손해배상금 추정
- SKC, 코오롱 양사가 배상액 부담한다고 한국거래소에 과거 확약서 제출한 바 있어서 실제 재무 영향은 제한: 다만 법적 공방 지속 가능: 5년간 소송비용 370억 지불
- 2015년 연간으로 하락 추세를 보인 것은 원가 상승에 따른 이익률 하락: 유가 하락으로 PI필름 소재인 PMDA (Pyromellitic Dianhydride) 생산 업체의 가동 중단(2015년 8월 이후 정상화)
- 판결 시점 자체가 2017년 여름으로 전망되므로 기다려 봐야 함: 연간 60억 수준에서 기타 비용 잡손실 처리되고 있음

역사는 반복된다는 말은 주식에도 적용되는 말이다. 큰 기업일수록 그 기업의 태생적인 DNA나 주가의 키 팩터가 크게 바뀌기는 어렵다. 그리고 상장한 지 오래된 기업이라면 투자자들 역시 해당 주식에 선입관이라는 것이 생기기 마련이다. 따라서 유가가 상승하면 정유주를 산다는 등의 아주 단순한 패턴으로 주식을 투자하는 것도 유효하다. 이런 방식으로 거시경제의 변수에 대응할 수 있기 때문에 각 기업의 주가 흐름(상장 이후의 역사)을 파악하는 것은 중요하다. 특히 대형주를 공부하면 대응의 필수 요소인 '적시성'을 키우는 데 도움이 될 것이다.

SUMMARY

- 상장 이후의 주가 흐름을 그려보자. 주가의 역사를 살펴보는 것이다.
- 주가의 흐름 속에서 주가를 결정하는 키 팩터를 찾아낼 수 있다.
- 역사가 반복되듯 주식의 키 팩터에 대한 반응 역시 반복된다.
- 키 팩터를 파악하면 시장 대응력을 키울 수 있다.

33

유통량이 좋아야
매수매도가 쉽다

세 번째로 확인해야 하는 것은 주주 구성이다. 해당 주식에 주인이 있는지 없는지 확인하는 과정으로, 이를 통해 외부로 유통할 주식이 얼마나 있는지 유추할 수 있기 때문이다. 자세한 주주 구성은 전자공시시스템에 들어가 분기보고서나 사업보고서에서 '주주에 관한 사항'을 보면 된다. 여기에서는 '최대주주 및 그 특수관계인의 주식소유 현황'과 '5% 이상 주주'를 확인해야 한다.

다음 표는 삼성전자가 공시한 21년 1분기 분기보고서에 기재된 '주주에 관한 사항'을 가져온 것이다. 전자공시시스템은 정해진 양식이 있어 다른 기업들도 모든 항목에 대해 같은 형식으로 작성되

삼성전자 최대주주 및 그 특수관계인의 주식 소유 현황(단위: 주, %)

성명	관계	주식의 종류	소유주식수 및 지분율				비고
			기초		기말		
			주식수	지분율	주식수	지분율	
이건희	최대주주 본인	보통주	249,273,200	4.18	249,273,200	4.18	-
이건희	최대주주 본인	우선주	619,900	0.08	619,900	0.08	-
삼성물산(주)	계열회사	보통주	298,818,100	5.01	298,818,100	5.01	-
삼성복지재단	출연 재단	보통주	4,484,150	0.08	4,484,150	0.08	-
삼성문화재단	출연 재단	보통주	1,880,750	0.03	1,880,750	0.03	-
홍라희	최대주주의 배우자	보통주	54,153,600	0.91	54,153,600	0.91	-
이재용	최대주주의 자	보통주	42,020,150	0.70	42,020,150	0.70	-
삼성생명보험(주)	계열회사	보통주	508,157,148	8.51	508,157,148	8.51	-
삼성생명보험(주)	계열회사	우선주	43,950	0.01	43,950	0.01	-
삼성생명보험(주) 특별계정	계열회사	보통주	16,284,877	0.27	15,219,465	0.25	장내 매매
삼성생명보험(주) 특별계정	계열회사	우선주	772,567	0.09	623,705	0.08	장내 매매
삼성화재해상보험(주)	계열회사	보통주	88,802,052	1.49	88,802,052	1.49	-
김기남	발행회사 임원	보통주	200,000	0.00	200,000	0.00	-
김현석	발행회사 임원	보통주	99,750	0.00	99,750	0.00	-
고동진	발행회사 임원	보통주	75,000	0.00	75,000	0.00	-
히종희	발행회사 임원	보통주	5,000	0.00	5,000	0.00	-
안규리	발행회사 임원	보통주	2,600	0.00	2,600	0.00	장내 매매
김한조	발행회사 임원	보통주	2,175	0.00	2,175	0.00	-
계		보통주	1,264,258,552	21.18	1,263,193,440	21.16	-
계		우선주	1,436,417	0.17	1,287,555	0.16	-

자료: 전자공시시스템(2021년 분기 기준)

어 있다. 익숙해지면 어디에 어떤 항목이 있는지 쉽게 파악할 수 있을 것이다.

어떤 사람이 어느 정도의 지분을 가지고 있는지도 중요하지만 사실 개인투자자에게 가장 중요한 것은 유통 가능한 주식의 개수이다. 삼성전자는 최대주주 및 특수관계인의 보통주 지분율이 21.16%이므로 시장에서 일반투자자들에게 유통 가능한 주식은 78.84%가 된다.

그러나 여기서 한 가지 더 확인해야 한다. 바로 5% 이상의 주주들이다. 분기 보고서에서 '주주에 관한 사항'을 아래까지 내려보면 다음의 표처럼 '5% 이상 주주'에 관한 내용이 나오는데 여기 지분율 5% 이상

> **5% 룰**
> 기업 주식을 5% 이상 보유한 개인, 기관투자자는 금융감독원에 보고해야 한다. 이들은 지분에 1% 이상 변동이 생기면 거래 내역을 신고하는 과정을 거쳐야 한다.

으로 신고한 주주들이 기재되어 있다. 이는 앞서 본 최대주주 및 그 특수관계인의 주식소유 현황에서 표시되지 않았던 사항이므로 앞에서 확인한 유통 가능 물량에서 해당 지분만큼을 추가로 차감해야 최종적인 '유통 가능 주식수'를 알 수 있다.

이렇게 계산해 보면 삼성전자의 유통 가능 수량은 약 64%가 된다(삼성생명보험, 삼성물산은 최대주주, 5% 이상 주주에 중복 기재되어 한 번만 포함시켜야 한다). 장중 거래는 이 범위 내에서만 이뤄진다는 것을 확인할 수 있다. 물론 실제 주식 수는 이보다 적을 수도 있다.

삼성전자 주식 소유 현황(단위: 주, %)

구분	주주명	소유주식수	지분율	비고
5% 이상 주주	국민연금공단	581,313,761	9.74	-
	삼성생명보험(주)	523,376,613	8.77	-
	BlackRock Fund Advisors	300,391,061	5.03	주식 등의 대량보유상황보고서 기준 (2019년 2월 7일 Dart 공시)
	삼성물산(주)	298,818,100	5.01	-
우리사주조합		-	-	-

자료: 전자공시시스템(2021년 분기 기준)

5% 주주 명단에 들지는 않았지만 4.99%의 지분율을 가진 주주가 있는 경우 유통 가능 주식수는 더 적어진다. 하지만 삼성전자 정도면 여유 있는 수량이므로 우리가 사고 싶을 때 사고, 팔고 싶을 때 마음대로 팔 수 있는 매매를 할 수 있다.

시가총액이 3000억 원인 주식이 있다고 가정해보자. 최대주주와 특수관계인의 지분이 70%고, 이들과 상관 없는 관계이지만 5% 이상 주주로 신고한 지분이 10% 있다고 가정하면 유통 가능한 주식은 20%가 된다. 시가총액이 3000억 원인데 유통 가능 주식은 20%이므로 이 주식의 실제 거래규모는 600억 원(3000억 원×20%)이 된다. 펀드매니저들에게 이 정도 규모는 매매하기 어렵다. 자산운용사마다 기준이 다를 수는 있으나 통상적으로 시가총액 1000억 원 이하의 주식은 매매를 금하는 자율 규정이 있는 경우도 많다. 거래량이 적은 주식은 쉽게 매매하기 어렵기 때문이다.

사실 이러한 계산법은 초보투자자나 소액투자자에게는 와닿지 않을 수 있다. 하지만 유통 가능 주식수가 여유로운 주식일수록 외국인이나 기관투자자들의 관심을 받기 쉽다는 걸 알아야 한다. 그들에게 인기 있는 종목은 주식시장에서 소외되지 않을 확률이 높다고 볼 수 있다. 펀드매니저들끼리 하는 말 중에 '주인이 있는 주식인가?'라는 것이 있다. 대주주의 절대비중이 압도적으로 높거나 최대주주이자 특수관계인이 아닌 투자자가 5% 이상의 주주로 신고를 해서 유통 물량에 제한이 있냐고 묻는 말인데, 이런 식으로 거래에 제약이 생기면 투자의 우선순위에서 뒤로 밀리게 된다.

하지만 최대주주의 지분율이 낮다고 좋은 것은 아니다. 다른 측면에서 보면 항시 M&A의 위험에 노출되어 있다는 것이기 때문이다. 유망 산업을 영위하는 기업의 시가총액이 1000억 원이고 최대주주와 특수관계, 우호지분의 합이 30%라고 가정해보자. 이 지분보다 1주만 더 많으면 최대주주로서의 지위를 누릴 수 있게 된다. 1000억 원의 30%는 300억 원이라서 사실상 큰 손들에게는 매우 적은 금액으로 회사를 지배할 수 있는 기회가 생기는 것이다. 물론 좋은 기회일 수도 있으나 창업주가 자금이 없어서 회사를 뺏기는 상황이라면 기술을 가진 인력들이 이탈할 가능성이 있다. 이렇게 되면 회사의 지속성에 대한 의문이 생기기 마련이다. 감안해야 할 문제가 생기는 것이므로 투자자는 피곤해질 것이다.

또 다른 시각에서는 '최대주주는 창업주인 경우가 많은데 얼마

나 돈이 없이 자수성가를 했으면 아직도 지분율이 이 정도 뿐일까?'
라고 반문할 수도 있다. 이런 경우 주가가 오르면 대출을 상환하기
위해 회사의 지분이 나올 수 있다. 아니면 기업을 성장시키기 위해
지속적으로 시장에서 자금을 조달해
야 하는 경우도 있다. 대주주의 오버
행(Overhang) 이슈든, 유상증자 이
슈든 주가에는 악재로 작용한다.

극단적인 상황들을 예로 든 것이
지만 지분율 하나만 보고도 이런저
런 생각을 해볼 수 있다. 향후에 전
개될 수 있는 극단적 상황에 대한 리
스크도 회피할 수 있는 방법이다.

> **오버행**
>
> 대롱대롱 매달려 있다가(Hang)
> 주가가 빠진다는 의미로 오버행
> 이슈라고 표현한다. 잠재적인 공
> 급 물량이 있는 경우 '오버행이
> 있다'고 한다. 대주주가 가진 주
> 식이 30%이고, 돈이 없어서 무
> 조건 10%를 매각해야 한다면, 이
> 10%는 언제든지 시장을 출회될
> 수 있는 물량이다. 출회될 주식
> 의 규모가 커서 매도 거래량이 나
> 오면 주가가 하락할 수 있다.

SUMMARY

- 유통 가능 주식수를 파악하라.
- 초보투자자에게 가장 중요한 것은 자유롭게 거래할 수 있는 수준의 유통량
  이다.
- '시가총액 × 유통 가능 주식의 비중'은 실제 거래 가능한 시가총액이 된다.
- 지분율의 구성만 보아도 기업에 발생 가능한 이벤트를 예상해 볼 수 있다.

34

자본금 변동은
호재일까 악재일까?

분기보고서에서 '자본금 변동사항' 항목을 보면 증자, 감자, 사채발행 현황 등이 나온다. 제일 먼저 보이는 '증자현황'은 과거의 일을 기록한 것이기 때문에 이미 주식은 발행되어 현재 유통되고 있는 상황일 것이다(236쪽 표 참조). 따라서 이 항목을 볼 때는 언제 자금을 조달했는지, 그리고 그 당시의 이유는 무엇이었는지 등을 파악하면 된다. 사실 이러한 내용은 회사 연혁을 제대로 공부했다면 정리하는 과정에서 이미 파악했을 것이다.

중요한 것은 '미상환 전환사채 발행현황'이다. 기업이 사채 전환 요청을 받으면 신주를 발행하게 되는데 주식의 수가 늘어나면서 기

자본금 변동사항 중 '증자현황' 예시

주식 발행 일자	발행 형태	발행한 주식의 내용					비고
		주식의 종류	수량 (주)	주당 액면가액 (원)	주당 발행가액 (원)		
20140523	유상증자(주주배정)	보통주	2,060,656	500	5,450		
20140523	무상증자	보통주	1,838,841	500	-		
20160201	-	보통주	6,484,223	500	8,213	합병으로 인한 신주 발행	
20160309	주식매수선택권행사	보통주	263,545	500	8,213		
20160404	주식매수선택권행사	보통주	26,613	500	4,363		
20160527	유상증자(제3자배정)	보통주	2,171,552	500	9,210		
20161005	전환권행사	보통주	30,000	500	12,700		
20170209	전환권행사	보통주	679,599	500	8,093		
20170213	주식매수선택권행사	보통주	566,035	500	8,093		
20170405	주식매수선택권행사	보통주	147,314	500	4,078		
20170525	주식매수선택권행사	보통주	10,541	500	3,984		
20180404	주식매수선택권행사	보통주	164,756	500	7,367		
20180615	주식매수선택권행사	보통주	10,000	500	7,900		
20180801	주식매수선택권행사	보통주	5,000	500	7,900		
20190211	주식매수선택권행사	보통주	1,054	500	4,078		
20200815	유상증자(주주배정)	보통주	3,300,000	500	25,050		
20210218	유상증자(제3자배정)	우선주	628,793	500	73,156		
20210306	주식매수선택권행사	보통주	20,000	500	35,270		

자료: 전자공시시스템

존 주식의 가치를 희석시킨다. 따라
서 신주의 수량을 파악하는 것이 중
요하다. 다음 표는 미상환 전환사채
발행현황을 가져온 것이며 표에 전
환청구 가능 기간, 전환 가능 주식
수 등이 적혀 있다.

전환 가능 주식 수를 알면 주가 희
석 비중도 계산할 수 있다. 단순히 전

환 가능 주식 수를 유통 가능 주식 수(발행주식의 총수에서 자기주식 수
제외)로 나누면 된다. 전환 가능 주식 수가 341,045주, 유통 가능 주
식 수가 24,968,911주라면 주가 희석 비중은 '341,045/24,968,911'
이 될 것이다. 이런 식으로 희석 가능한 주식의 일정과 수량을 사전
에 파악해 두면 돌발적으로 발생하는 수급에 대응할 수 있다.

유상증자도 주가에 영향을 미친다. 어떤 주식이 유상증자를 해
서 희석 가능 주식이 10%라고 하면 당일에 주가가 10% 빠지는 경
우가 일반적이다. 희석 물량이 당일 주가에 즉시 반영되는 것이다.
이때 전환 가능한 일정이나 물량을 미리 파악하고 있으면 수급의
문제로 주가가 하락할 경우 능동적으로 대응할 수 있다.

한 단계 더 나아가보자. 유상증자는 꼭 악재로만 통하지는 않는
다. 예를 들어 시가총액이 3000억 원인 회사가 100억 원의 유상증
자를 실시했는데, 유상증자의 사유가 보장된 고객사의 수주를 받기

미상환 전환사채 발행현황

종류·구분		제2회 무기명 무보증 사모 전환사채	제3회 무기명 무보증 사모 전환사채	합계
회차		2	3	-
발행일		2019.7.31	2021.2.17	-
만기일		2022.7.31	2026.2.17	-
권면(전자등록) 총액		50억 원	90억 원	140억 원
전환대상 주식의 종류		(주)엘앤에프 기명식 보통주	(주)엘앤에프 기명식 보통주	(주)엘앤에프 기명식 보통주
전환청구 가능기간		2020.7.31~ 2022.7.30	2022.2.17~ 2026.1.17	-
전환 조건	전환비율	100%	100%	-
	전환가액	21,595원	82,184원	-
미상환 사채	권면(전자등록) 총액	50억 원	90억 원	140억 원
	전환 가능 주식 수	231,535주	109,510주	341,045주

자료: 전자공시시스템

위한 설비증설이라고 가정해 보자. 그러면 주가는 보통 시초가에 하락했다가 상승하는 경우가 많다. 희석률이 3% 수준이라 하루에 주식이 3% 정도 하락하는 것에 대해선 민감도가 덜한 데다가 즉시 매출로 연결될 수 있는 수주도 있기 때문이다. 유상증자를 해야만 매출로 연결되기 때문에 투자자들은 이것을 성장을 위한 자금 조달로 인식해 오히려 주가가 상승하게 된다. 가끔 엄청난 속도로 성장하는 신산업에서는 유상증자를 할증 발행하는 경우도 있다. 실제로 최근에 풍력사업을 수행하는 상장사가 현재가보다 높은 발행가로 할증발행 했는데도 당일에 주가가 상승했다.

따라서 회사가 자금을 조달하는 이유를 파악하고, 희석률에 대한 고민을 마친 투자자라면 유상증자 발표에 깜짝 놀라서 무조건 매도하고 보는 식의 투자 패턴을 피할 수 있다. 시초가 하락을 매수 찬스로 활용할 수 있는 안목을 길러보기를 권한다.

기업의 연혁(역사)과 상장 이후의 주가 흐름을 파악해서 주가의 키 팩터를 찾아내고, 유통 가능한 주식과 희석 가능한 주식의 수, 그리고 주주 현황까지 파악하면 이 주식이 어떤 DNA를 가지고 있는지 대강 파악이 된다. 사실 주가의 흐름을 관찰하고 사업 내용을 업데이트 하는 것은 이 정도만 해도 충분하다. 이것만 해도 개인 주주로서 높은 수준의 배경 지식을 확보하는 것이라고 생각한다.

SUMMARY

- 주식의 총 개수, 추가 상장(희석) 가능한 주식의 수와 일정을 파악하라.
- 주주 현황에서 더 나아가 해당 주식의 수급의 근간을 이해해 보자.
- 자본금의 조달은 주식의 희석을 동반하지만 호재인지 악재인지는 판단을 해봐야 한다.

35

사업부별 실적으로
성장성을 파악하자

주식의 성향 분석이 끝났다면 결국 투자자 자신이 '투자를 할 것인지 말 것인지' 의사결정을 내려야 한다. 여기서 필요한 것은 결국 성장하면서 지속적으로, 장기간 좋아질 수 있는 기업인지 판단하는 것이다.

이를 위해서 가장 먼저 사업보고서를 정독해보기를 권한다. 필자는 신입사원들이 처음으로 기업을 공부할 때 무조건 사업보고서를 정독하라고 시킨다. 회사를 이해하기 위한 것도 있지만 이 과정을 통해서 사업보고서의 항목들과 익숙해지는 연습을 하는 것이다. 여러분들도 전자공시시스템에 접속해서 익숙해지는 과정을 거쳤으면 한다.

사업보고서에서 '사업의 내용'을 선택해서 보면 사업부문별로 사업의 현황에 대한 기본적인 설명이 잘 정리되어 있다. 이 부분에서 가장 신경 써서 봐야 할 부분은 사업부별 매출액과 비중, 가동률 등의 사항이다. 만일 사업부가 여러 개 있으면 전체 매출액에 대한 비중이 각각 표시되는데 비중이 높은 사업부일수록 중요도는 높아진다. 또한 가동률이 상승할수록 매출액의 방향성 또한 우상향될

분기보고서에 기재된 사업 부문별 주요 제품

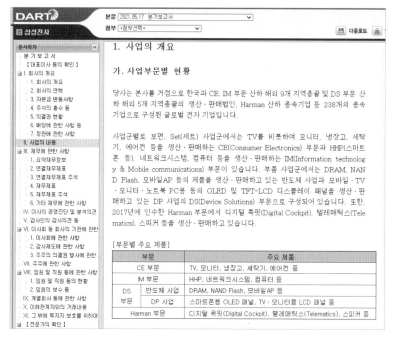

자료: 전자공시시스템

가능성이 높아진다. 물론 풀가동한 상태라면 증설에 대한 고민도 필요하게 되는데, 이때 기업이 자금을 조달하게 된다면 이것은 앞서 자본금을 언급하면서 정리한 것처럼 기회 요인이자 리스크 요인이 될 것이다.

기본적인 사업 현황을 파악했다면 조금 더 세분화해서 기업의 실적을 파악해 볼 필요가 있다. 실적은 분기와 연간 단위로 분리하고 분기별로 2~3년치, 연간으로 3~5년치의 수치를 사업부별로 나열해서 보면 흐름을 파악할 수 있다. 계속 강조하는 사항이지만 수치의 시계열화, 장기화를 통해 숫자의 방향성과 레벨을 파악하는 것이 모든 면에서 도움이 된다.

우선 앞에서 언급한대로 매출액 비중이 가장 높은 사업부의 매출액 추이를 살펴보면서 주력 사업부의 성장세가 회사를 견인하고 있는지 확인한다. 그리고 신규 사업부가 있다면 그 사업부의 성장세가 어떤지도 확인해야 한다. 이때는 전사 매출액의 몇 % 정도인지가 중요하다. 매출액 기준으로 5%도 안 되는 사업부인데 여기에 분석의 대부분을 할애하고 그 결과에 의미부여를 할 필요는 없다. 의미 있는 수준이라고 평가 받는 비중이 되려면 10~15% 정도는 되어야 한다.

이렇게 매출액 비중으로 사업부의 순서를 정리한 후에는 사업부별 영업이익률을 체크한다. 사실 영업이익률은 보통 회사가 공개하지 않는다. 사업의 기밀일 수도 있고 공개될 경우 고객사로부터 단가 인하를 당할 수도 있어서 기업들이 공개하기를 꺼려 한다. 그럼에도 펀드매니저들과 애널리스트들은 이 부분을 알아내려고 무던히 애쓴다.

우리에게 필요한 것은 사업부별 영업이익률인데 여기서 중요한 것은 우리가 회사의 평균 영업이익률 정도는 알고 있다는 것이다. 매출액과 영업이익이 공시되므로 전사의 영업이익률을 파악할 수 있는데 사업부별로 평균 영업이익률보다 높은지 낮은지 정도만 파악하면 된다.

예를 들어 사업부가 2개 있고 사업부의 매출액 비중이 2:1인 회사가 있다고 하자. 그러면 사업부별로 가중평균의 합을 구해서 방향성을 파악하면 된다. (A사업부의 영업이익률×2/3)+(B사업부의 영업이익률×1/3)의 값이 회사 평균 영업이익률보다 클 것인지, 작을 것인지를 판단하는 것이다. 다음 표와 같이 전사 영업이익률이 9~10%라면 이 수치보다 A사업부의 영업이익률이 높아야 회사의 평균 영업이익률이 상승할 것이다.

어차피 회사는 영업이익을 공개하지 않을 것이다. '한 자리 후반대', '두 자리 수의 영업이익률'과 같은 형태의 힌트만 받을 것이므로 위와 같은 방식으로 단순하게 계산해보면 된다.

이처럼 영업이익률이 가장 높은 사업부가 매출액 기준으로 가장 높은 비중의 사업부면 가장 좋은 것이고, 매출액 비중이 주력 사업부보다는 낮은데 압도적으로 높은 영업이익률의 사업부가 있다면

회사 전체 실적(단위: 십억 원)

	1Q17	2Q17	3Q17	4Q17	1Q18	2Q18	3Q18 (E)	4Q18 (E)	2016	2017	2018 (E)	2019 (E)
원/달러(평균)	1,155	1,130	1,160	1,106	1,072	1,075	1,100	1,100	1,161	1,131	1,087	1,100
매출액	77	82	83	83	88	94	101	102	276	325	385	440
성장률 (%, YoY)	15.3	13.9	19.8	21.9	13.7	14.9	21.9	22.5	12.3	17.7	18.3	14.5
Lead Frame	61	66	66	66	68	77	78	68	212	259	290	322
Package Substrate	17	16	17	17	20	17	23	34	65	66	94	118
매출총이익	17	16	14	14	14	15	16	18	50	61	63	76
영업이익	10.5	9.0	7.1	7.3	6.6	7.3	8.7	9.6	25.8	33.9	32.2	41.6
성장률 (%, YoY)	27.3	7.9	95.1	29.2	-36.4	-19.6	21.7	32.1	37.4	31.0	-5.0	29.3
세전이익	8.4	9.2	6.7	2.1	6.1	7.2	9.1	9.9	23.2	29.4	32.3	41.0
순이익	6.8	7.3	5.3	4.5	7.9	5.9	7.4	8.0	18.9	23.9	26.2	33.2
성장률 (%, YoY)	17.2	11.1	25.0	-9.6	-27.1	-19.5	38.9	77.6	28.3	26.7	9.7	26.8
이익률(%)												
매출총이익	21.8	19.2	16.9	17.1	15.5	16.0	16.3	17.5	17.9	18.7	16.3	17.3
영업이익	13.5	11.0	8.6	8.7	7.6	7.7	8.6	9.4	9.4	10.4	8.4	9.4
세전이익	10.9	11.2	8.1	6.2	6.9	7.7	9.0	9.7	8.4	9.0	8.4	9.3
순이익	8.7	8.9	6.1	5.4	5.6	6.3	7.3	7.9	6.8	7.1	6.8	7.5

자료: Quantise

이것이 성장해가는 것이 회사의 추가적인 성장 동력이 될 것이다. 이런 식으로 부서별 이익률의 조합을 가지고 실적에 좋은 시나리오를 예상해 보는 것이 중요하다.

애널리스트 자료를 보면 'Bear, Base, Bull'이라고 해서 가정치의 정도와 방식에 따라 다양한 시나리오를 제공한다. 초보투자자들도 복잡하고 정밀하게 하지는 않더라도 가중평균을 구하는 단순한 방법으로라도 직접 시나리오를 그려보는 게 좋다. 실적의 절대수치를 맞히지

> **Bear, Base, Bull**
> 기업의 이벤트의 성공 여부 등을 여러 가지 시나리오로 만들어보는 것이다. Base case는 기본적인 조건이 충족되었을 때, Bull case은 Best case로 최고의 조건을 만족시켰을 때, Bear case는 Worst case로 일이 잘 진행되지 않았을 때 기대되는 값들을 정리한 것이다.

는 못하더라도 방향성을 판단해 보는 것이다. 펀드매니저들의 중요한 투자 업무를 자연스럽게 수행하게 될 것이다.

사실 펀드매니저들은 기업 탐방을 하는 것도 상대적으로 자유롭고 회의를 할 기회를 직간접적으로 자주 접하게 된다. 그런데 개인투자자들은 이러한 측면에서 제약이 따른다.

그렇지만 주식이라는 것이 모든 것을 다 알아야 되는 것은 아니다. 앞에서 언급한 대로 실적의 방향성과 사업부별 성장세를 파악해 낸다면 결론적으로 주가의 방향성과 레벨에 대해 판단할 수 있게 될 것이다. 그리고 만약 용기를 내어 기업의 IR 담당자에게 연락해서 회사에 대한 질의를 할 것이라면 앞에서 살펴본 구조적인 요

소에 대한 질문을 미리 준비해서 질문을 '잘' 해야 한다. "회사가 앞으로 어떻게 됩니까?"라는 막연한 질문에 돌아오는 답은 피상적인 대답일 수밖에 없다.

SUMMARY

- 사업보고서에 기본적인 내용이 모두 담겨 있다.
- 산업과 사업부의 현황을 사업보고서를 통해 파악하자.
- 전사 매출액 기준으로 매출액의 비중을 파악하고, 주력과 비주력 사업부를 구분하라.
- 전사 영업이익률 기준으로 높은 사업부와 낮은 사업부를 파악하고, 가중평균이 어떤 방향성을 보일 것인지를 파악하라.
- 사업부의 모든 기술을 알 필요는 없다. 우리는 매출액과 영업이익률의 방향성을 파악하고 이 수치의 절대레벨을 파악하면 된다. 이것이 투자의 의사결정으로 연결된다.
- 회사와 소통을 하려면 질문을 '잘' 해야 한다.

36

미래 시나리오로
다양한 상황에 대비하라

기업이 사업을 진행하는 과정에서 발생하는 이벤트를 활용해서 여러가지 시나리오를 돌려볼 수도 있다. 여기서는 앞 장에서 잠깐 소개했던 애널리스트의 자료를 활용하는 방법을 소개하려고 한다. 가중평균치로 대략적인 시나리오를 파악하는 것도 좋지만 'Bear, Base, Bull' 세 가지 시나리오는 증권사 리포트에서 자주 접할 수 있는 형식이므로 알아두면 용이하게 쓰일 것이다. 일단 다음의 표와 같은 회사가 있다고 가정해보겠다.

이 회사는 기본적으로 영업이익률 10%를 달성하는 회사다. 영업상 특별한 문제 없이 기존의 사업을 제대로 영위한다면 안정적으

Bear, Base, Bull 시나리오 예시

구분	전년도 실적	Bear	Base	Bull
매출액	700억 원	1000억 원	1000억 원	1000억 원
영업이익률	10%	5%	10%	15%
영업이익	70억 원	50억 원	100억 원	150억 원
순이익	50억 원	30억 원	80억 원	120억 원
시가총액	1000억 원	1000억 원	1000억 원	1000억 원
PER	20배	33.3배	12.5배	8.33배
적정 밸류에이션	15배	15배	15배	15배
기대수익률	-	-54.9%	25%	80%
투자의견	-	Short	Buy	Strong buy

로 매출액 1000억 원에 영업이익률 10%를 달성하면서 매출액과 영업이익 모두 전년 대비 약 43% 수준의 고성장을 이루게 될 것이다. 이것이 반영되어 전년 종가 기준 PER 밸류에이션은 20배에서 마무리되었으나, 현재 Base 시나리오대로 흘러간다면 12.5배로 감소하게 된다. 성장성을 감안하면 매력적인 밸류에이션이 되는 것이다.

그런데 이 회사는 신사업을 추진하고 있었다. 이미 공장 구축과 기술 확보가 되어 있는 상태에서 고객사의 제품 생산 승인만 남아 있는 상황이다. 생산 승인을 받는 순간 기존 물량 중에서 일부를 생산 중단하고 신규 제품을 생산하면 전사 영업이익률을 상승시킬 수 있는 기회가 생기는 것이다. 불량 없이 한번에 최대로 생산하면 최상의 경우 영업이익률이 15%까지 상승한다고 한다(물론 이것은 현실적으로 말이 안 된다). 이 경우 Bull case는 밸류에이션이 8.3까지 감소하게 되므로 완전히 저평가 영역에 진입하게 된다. 따라서 '강매수'의 기회라고 볼 수 있다.

그런데 만약 예상과는 다르게 조건부 생산 승인이라는 결과가 나오면 어떻게 될까? 일부 샘플을 제공하는 조건을 충족시키기 위해 신규 공장은 일단 가동될 것이다. 고정비와 감가상각비가 지출되면서 생산으로 이를 커버하지 못하고 오히려 손실을 낼 수도 있는 상황이 되는 것이다. 이것은 당연히 실적 감소로 이어지고 밸류에이션도 따라서 높아질 것이다. 주식이 비싸게 느껴지는 이런 상황에서 회사 경영에 차질이 생겼다는 뉴스가 나오면 주가는 하락하게 된다. 이것이 Bear case가 된다.

사실 투자자들은 잘될 가능성과 그렇지 않을 가능성 모두를 염두에 두고 시나리오 분석을 해봐야 한다. 잘되면 밸류에이션이 얼마인지, 또 이것을 적용한 목표가는 얼마인지 설정해야 한다. 이 과정에서 기대수익률도 자연스럽게 결정될 것이다.

이 단락에서는 매우 단순하게 표현했지만 실제 펀드매니저들은 각종 프로그램을 통해서 시뮬레이션하고 애널리스트와 의견을 주고받으며 기업 방문을 통해서 재검증하는 과정을 거친다. 이 책에서 강조하는 것은 복잡한 투자가 아니지만 단순하게나마 합리적인 의사결정을 도와줄 수 있는 도구라고 생각해 소개해 보았다. 간접적으로라도 여러 가지 시나리오를 생각해 볼 수 있으므로 식견을 높이는 데 간단하게 적용해보길 권한다.

SUMMARY

- 애널리스트가 제시한 Bear, Base, Bull 시나리오를 활용해 식견을 넓히는 훈련을 해보자.
- 각 시나리오별 밸류에이션과 목표가를 결정해 놓으면 여러 가지 변수에 대한 대응력이 생긴다.

37

밸류에이션은
목표가를 정하기 위한 수단일 뿐

개인투자자들 중에 밸류에이션은 뭔가 어려운 것이라고 생각하는 사람이 많다. 용어가 어렵고 어떻게 해야 할지도 모르겠고 내가 밸류에이션을 해본들 무슨 의미가 있냐는 것이다. 사실 밸류에이션은 많은 방식이 있지만 개인투자자의 경우 두 가지 정도만 활용하면 된다고 생각한다. 밸류에이션은 기본적인 주식의 가치를 표현하는 하나의 언어이므로 이것이 일상 용어가 되어야 전문가가 말하는 '목표가'와 '목표 시가총액'의 개념을 쉽게 이해할 수 있다.

1부에서 언급한 내용이지만 펀드매니저가 이 주식이 '비싸다' 혹은 '싸다'라고 표현하는 것은 '밸류에이션이 비싸', '밸류에이션이 싸다'를 의미한다. 즉, '회사가 받아야 하는 적정 가치보다 높은 가격에 거래가 되는 것 같다', '적정 가치보다 낮은 가격에 거래가 되는 것 같다'로 해석된다.

그런데 초보투자자들은 '1주당 (절대)가격이 비싸다'고 말한다. 이렇게 되면 대화를 할 때 서로 다른 언어로 대화를 하게 되는 경우가 생긴다. 예를 들어 펀드매니저들에게 A주식은 PBR 0.6배의 싼 가격이었다. 그런데 똑같은 A주식이 초보투자자에게는 1주당 14만 원으로만 보여서 비싼 가격이라고 생각하는 것이다.

쉽게 착각하는 부분이 투자금 1000만 원일 때, 50만 원짜리 주식을 사면 200주밖에 못 사니까 수익률이 낮아진다고 생각한다. 하지만 투자의 수익률은 원금을 기준으로 계산한다. 똑같은 1000만 원을 성장성이 동일한 주식에 투자한다면 표면적인 절대가격이 높든 낮든 상관없이 밸류에이션이 낮은 주식이 높은 수익률을 안겨줄 확률이 높다. 따라서 밸류에이션을 기준으로 '싸다' 또는 '비싸다'라고 표현하는 훈련을 해야 한다.

그런데 밸류에이션 종류도 다양하다. PER, PBR, PSR, EV/EBITDA, SOTP 등 이런저런 것들이 많은데, 이것들의 특성을 하나하나 파악하고 상황에 따라 다르게 적용하면서 목표가를 잡는 것은 만만치 않은 일이다. 사실 필자는 여기에 깊게 들어가는 것은 개인투자자들에게는 그렇게 중요한 일이 아니라고 생각한다.

대표적인 밸류에이션 두 가지, PER과 PBR로 간단하게만 활용할 수 있으면 굳이 어려운 밸류에이션을 적용하지 않아도 된다. 어려운 밸류에이션을 다루는 것은 전문적인 이유도 있지만, 사실은 합당한 목표가가 선정되지 않으니까 이런저런 방식으로 다양한 밸류에이션을 적용해 보는 것도 있다고 생각한다. 그만큼 밸류에이션은 적용하기 나름이고 논리에 따라 다르게 적용된다. 따라서 개인투자자들은 PER과 PBR 정도만 활용해도 충분하다(활용 방법은 다음 장에 자세하게 나온다).

실제로 필자도 밸류에이션을 바탕으로 목표가를 산정할 때 어려운 방식으로 하지 않는다. 단순한 방식으로 계산했을 때 넉넉한 목표가가 나오면서 다른 시장참여자들이 특별히 반박하지 못하는 수준을 선호한다. 목표가가 쉽게 나오고 그 목표가의 상승 가능성, 즉 업사이드(Upside)가 높을수록 주식이 쉽게 오른다. 만약 그런 목표값이 나오지 않으면 철저하게 기업과 사업부의 실적 방향성에 따른 추세매매로 대응한다.

SUMMARY

- 밸류에이션을 복잡하게 생각하지 말자.
- 한두 가지의 쉬운 방식으로 단순하게 주가의 정도를 파악만 할 수 있으면 된다.

38

PER, PBR만 이해해도
체계적인 차익 실현 가능

기업의 가치를 평가하는 밸류에이션 PER과 PBR만 이해해도 충분히 체계적으로 차익을 실현할 수 있다. 이번에는 기업의 펀더멘털을 활용해 적정 밸류에이션과 목표가를 판단하는 방법을 설명하고자 한다.

다음 표를 보면 연간 실적이 나오고 EPS와 BPS가 나온다. 그리고 표의 하단을 보면 PER와 PBR 밸류에이션의 상단(High), 하단(Low), 연말 기준 평균(End/Average) 값이 적혀 있다. 우리에게 필요한 데이터는 딱 이 정도다. 예시로 가져온 표는 퀀트(Quant)가 적용된 것으로 운용사마다 각자의 포맷이 정해져 있다. 유료 프로그

퀀트가 적용된 기업 리포트

Key Data	
KOSPI(pt)	2,307.07
현재가(원)	18,900
52주 최고/최저	22,400 / 15,750
시가총액(십억원)	321.3
시총비중(KSP,%)	0.02
60일 평균거래량(천)	128.0
평균거래대금(억)	2,486.4
외국인 지분율(%)	3.0
주요주주 지분율(%)	
계양전기(주)	37.4
▮▮▮ 우리사주조합	5.1

주가 상승률		(Beta: 0.82)
	절대	상대
1W	0.80	-0.7
1M	-3.57	-2.75
3M	7.39	15.67
12M	9.88	20.06

EPS 추정치 변화율		
	2018	2019
1W	0.00	0.00
1M	0.10	2.44
3M	-1.04	2.47

KOSPI Valuation		
PER	9.22	8.5
PBR	0.99	0.93

Financial Data								(십억원, %)
	2013	2014	2015	2016	2017	2018F	2019F	2020F
매출액	0.0	165.2	246.0	276.2	325.1	383.2	444.5	515.9
YoY	NA	NA	48.9	12.3	17.7	17.9	16.0	16.1
조정영업이익	0.0	9.9	18.8	25.8	33.9	34.7	44.1	51.9
YoY	NA	NA	89.4	37.4	31.0	2.4	27.2	17.6
순이익(총)	0.0	20.2	14.7	18.8	23.9	26.2	33.2	39.4
YoY	NA	NA	(27.4)	28.3	26.8	9.7	26.6	18.8
EPS	0	1,977	979	1,175	1,410	1,543	1,975	2,324
YoY	NA	NA	(50.5)	20.0	20.1	9.4	28.0	17.6
BPS	0	6,905	7,929	9,477	10,644	11,894	13,571	15,563
DPS	0	0	0	250	300	310	353	385
Net DER	0.0	36.2	17.4	27.1	32.9			

Profitability Analysis								(%)
OP Margin ▮▮▮▮▮▮	#DIV/0!	6.01	7.64	9.35	10.41	9.05	9.92	10.05
EBITDA Margin	#DIV/0!	9.30	11.52	12.68	13.55	12.21	12.73	12.34
NET Margin	#DIV/0!	12.24	5.97	6.82	7.35	6.84	7.46	7.64
ROE ▮▮▮▮▮			13.20	13.47	14.02	13.69	15.51	15.95

Valuation								
PER (High)				14.00	15.88	12.41	10.20	8.68
(Low)				8.20	8.83	11.90	8.73	7.47
(End/Avg)				11.02	11.70	12.25	9.57	8.13
PBR (High)				1.74	2.10			
(Low)				1.02	1.17			
(End/Avg)				1.37	1.55	1.59	1.39	1.21
EV/EBITDA		2.44	0.73	7.54	7.72	5.46	4.25	3.61

㈜ 실적치의 밸류에이션은 주가기준으로 최고/최저가 표시되며, 추정치는 EPS 추정치 최고/최저 기준으로 표시됨

Quarterly Data												
	16.06	16.09	16.12	17.03	17.06	17.09	17.12	18.03	18.06F	18.09F	18.12F	19.03F
매출액	71.8	69.2	68.2	77.4	81.7	82.9	83.1	87.9	95.0	100.0	101.5	102.7
YoY	11.8	11.1	11.0	15.3	13.8	19.8	21.9	13.7	16.2	20.7	22.1	16.8
조정영업이익	8.4	3.6	5.6	10.5	9.0	7.1	7.3	6.6	8.4	9.7	10.4	8.8
YoY	117.7	(43.0)	1.9	27.2	7.9	95.3	29.3	(36.4)	(6.8)	36.2	42.8	32.4
QoQ	NA	(56.3)	54.0	86.1	(13.8)	(20.9)	1.9	(8.5)	26.3	15.5	7.0	(15.2)
Margin	11.6	5.3	8.2	13.5	11.0	8.6	8.7	7.6	8.8	9.7	10.2	8.6
순이익	6.6	1.5	5.0	6.8	7.3	5.3	4.5	4.9	5.9	7.4	7.9	6.4
YoY	106.2	(73.2)	36.1	17.2	11.0	249.2	(9.4)	(27.1)	(18.5)	39.1	75.2	29.1
Margin	9.1	2.2	7.3	8.7	8.9	6.4	5.4	5.6	6.3	7.4	7.8	6.2

Valuation								
PER (High)				14.00	15.88	12.41	10.20	8.68
(Low)				8.20	8.83	11.90	8.73	7.47
(End/Avg)				11.02	11.70	12.25	9.57	8.13
PBR (High)				1.74	2.10			
(Low)				1.02	1.17			
(End/Avg)				1.37	1.55	1.59	1.39	1.21
EV/EBITDA		2.44	0.73	7.54	7.72	5.46	4.25	3.61

㈜ 실적치의 밸류에이션은 주가기준으로 최고/최저가 표시되며, 추정치는 EPS 추정치 최고/최저 기준으로 표시됨

출처: DS자산운용

EPS, BPS

EPS는 '1주당 순이익', BPS는 '1주당 순자산가치'를 나타내는 값이다. 기업의 순이익, 순자산을 발행 주식 수로 나눈 값이다.

퀀트

수학, 통계를 기반으로 주가와 각종 지표를 활용해 투자 모델을 만들거나 금융시장의 변화를 예측하는 것이다. 데이터를 통해 수익을 검증한 후 투자하는 방법이며 컴퓨터 알고리즘을 설계해 투자에 활용할 수 있다.

램을 사용하기 때문에 개인들은 사이트에서 무료로 배포하는 자료 중에서 쓸 만한 자료가 있는지 확인하거나, 증권사에서 배포하는 리포트의 표지나 제일 뒷부분에 있는 데이터를 활용하면 된다. 단순하게는 인터넷에서 종목명을 검색해서 나오는 정보를 확인해도 된다. 어차피 숫자에 의한 기준을 잡으려고 하는 것이므로 이 정도만 활용해도 무리가 없을 것이다.

밸류에이션 활용법 ❶
PER로 목표가 만들기

순이익의 성장률이 15~20%의 흐름을 보이는 제조업체라면 평균적으로 PER는 10~15배를 적용한다. 단순 제조냐, 독점적 기술이 있느냐, 소재를 제작하느냐에 따라 적용되는 밸류에이션이 세부적으로 나뉘지만 일반적으로 이 정도 수준이다. 밸류에이션을 전문적으로 하겠다고 하면 한없이 복잡해지기 때문에 개인투자자들은 필요한 것만 간단히 챙기면 된다. 다시 말해 기본적인 배당성장모형을 기준으로 했을 때 성장률이 향후 2~3년간 15~20%를 유지할 것으로 판단된다면, 밸류에이션 15배를 기본으로 주되 산업의 평균치를 감안하여 가감하면 된다.

밸류에이션을 15배 적용한다는 것은 기업의 현재 가치보다 15배만큼 더 인정해주는 것이다. 이것을 EPS에 곱하면 '목표가'가 되고, 순이익에 곱하면 '목표 시가총액'이 된다. 이 수치들과 현재가, 현재 시가총액을 비교해서 잠재적인 성장 가능성이 얼마나 있는지 판단한다. 이를 기반으로 주식을 사거나, 팔아서 차익을 보거나, 손실처리를 하는 의사결정을 하면 된다.

조금 더 깊게 들어가보자. 전문가들의 방송이나 리포트를 보면 12M Fwd EPS라는 용어를 언급하는 것을 자주 보게 될 것이다. 12 Month Forward EPS의 줄임말로 지금 이 순간을 기준으로 12개월 뒤에 예상되는 주당순이익을 뜻한다. 자료에서 연도를 적어놨거나, FY1(당해 연도), FY2(내년)라고 적힌 부분은 회계 연도를 기준으로 연말 예상치를 작성한 것이다. 그런데 상반기가 끝나면 사실상 한 해의 반이 지나간 셈이다. 그래서 내년 실적 추정치를 반영하기 시작한다. 이때 12M Fwd EPS를 활용하게 되는데 어렵게 생각할 것도 없다. 단순하게 FY1의 EPS와 FY2의 EPS의 합을 2로 나누면 된다(상반기가 지난 것이므로 1년치 값을 2로 나누는 것이다). 여기서 나오는 EPS에 밸류에이션을 적용하면 된다.

더 자세하게 분기마다 계산하고 싶다면 (FY1 EPS×올해 남은 기간)+(FY2 EPS×12개월에서 올해 남은 기간을 뺀 기간)을 구하면 된다. 학교 다닐 때 배운 가중평균만 계산하면 되는 것이다. 이 방식은 굳이 무리해서 상반기부터 사용할 필요가 없다. 상반기가 끝나면 조금 더 수치가 정확해지기 때문이다. 애널리스트들도 2분기 실적이 마무리되고 나서 하반기 실적 추정치를 본격적으로 반영하기 시작한다. 실적에 밸류에이션을 곱하는 것은 단순한 수치지만, 이 수치가 실적으로 증명될 것인지 아닌지 검증하는 과정을 거치면 의미 있는 숫자가 된다.

밸류에이션 활용법 ❷
PBR로 가치 평가하기

PBR 밸류에이션도 마찬가지다. PBR은 주당순자산이므로 자산가치에 비해 얼마의 가치가 있는지 파악하는 데 사용한다. 따라서 성장주보다는 장치산업을 중심으로 사용된다. PBR이 1이라면 현재 기준으로 회사가 망해서 매각을 하더라도 장부가치만큼은 받는다는 의미이다.

그래서 자기자본이익률(Return on equity, ROE)이 6~8% 정도 나오는 회사가 PBR 0.3~0.4배라면 밸류에이션이 낮아 보여 업황이 회복되면 이 수치에 열광하며 투자하게 된다. 2021년 상반기에 원자재 가격과 경기 회복을 등에 업은 소재·산업재 섹터의 강세 속에서 투자자가 편안할 수 있었던 것도 이런 이유였을 것이다. PER를 계산할 때 EPS를 이용한 것처럼 PBR은 BPS를 이용해서 밸류에이션을 추정하면 된다.

> **자기자본이익률(ROE)**
> 자기자본이 얼만큼의 이익을 냈는지를 알려주는 대표적인 수익성 지표다. ROE가 10%면 10억 원을 투자해 1억 원의 이익을 냈다는 의미다. ROE가 높은데 PBR이 낮다는 것은 이익을 잘 내고 있는데도 기업의 자산가치는 저평가되고 있다고 해석할 수 있다.

EPS와 BPS는 정해져 있고 추정이 가능한 영역이므로 이 값을 이용해 밸류에이션 밴드를 만들면 된다. 아래 그림이 밸류에이션

PER, PBR 밴드 차트

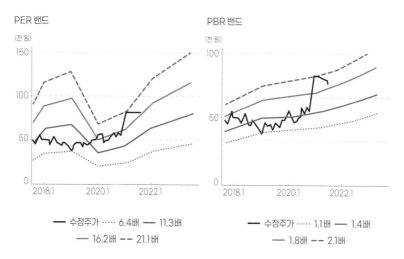

밴드인데 증권사 리포트를 보거나 인터넷 사이트에서 검색하면 쉽게 찾을 수 있다. 밴드의 상단과 하단에 적용된 밸류에이션을 참고하여 적정한 목표가의 범위를 정하면 수치에 대한 감을 가질 수 있다. 과거 최고 수준과 평균 수준을 비교하면서 현재의 상황을 파악할 수 있으므로 의사결정에 참고하면 좋다.

밴드차트가 최고 수준일 때 왜 이렇게 고평가를 받았는지, 밴드차트가 최저 수준일 때는 왜 저평가 받았는지 고민해 보는 것이다. 시장에서의 평가 때문인지 아니면 회사 개별적인 문제로 단기적인 이슈였는지 등을 파악하고 지나가면 향후 이 회사를 평가하는 데도 도움이 된다.

조금 더 난이도를 높이고 싶다면 다음 262~263쪽의 표와 같은 국내외 기업의 밸류에이션 표를 찾아보자. 같은 산업에 있는데 왜 밸류에이션에 차이가 있는지, 1등주와 2등주가 나뉘는 차별화된 요소가 있는지 등을 고민해 보는 것이다.

기준이 있으면
매도가 쉬워진다

초보투자자들은 주식을 언제 팔아야 되는지 잘 몰라서 주가가 오를 땐 그냥 가만히 두다가 주가가 빠지기 시작하면 그제서야 주가 하락이라는 공포에 휩쓸려 매도를 하게 되는 경우가 많다. 아마 이 순간에 주가는 고점 대비 20% 이상 떨어지는 조정이 나왔을 것이다.

"정상에 있을 때 물러나라"라는 말이 있는데 이것은 주식 투자에서도 마찬가지다. 나름의 실적 추정치와 밸류에이션으로 계산된 목표가가 정해져 있으면 차익 실현을 하는 것도 쉬워진다. 전부 다 하지는 못하더라도 일부는 자연스럽게 차익을 실현할 수 있다.

예를 들어 12M Fwd EPS 500원, PER가 10배인 주식의 현재 가격이 4000원이라고 치자. 계산대로라면 500원×10배로 주가는 5000원이었어야 한다. 여기서 1000원(25%)이 더 오를 수 있는 가능성(업사이드)이 생긴다. 투자하여 이 정도의 수익을 획득하게 되면 일부를 차익 실현하는 것은 쉽게 할 수 있다.

펀드매니저들의 용어로 이것을 '헤어 컷(Hair cut)'이라고 한다. 투자금의 10%로 어떤 종목을 매수했는데 20%가 오르면 포트폴리오에서 이 종목이 차지하는 비중이 10%에서 12%로 늘어난다. 그럼 2%는 수익이 난 것이므로 주가가 목표가 부근으로 올라오면 미련 없이 팔 수 있다. 주가가 더 오르면서 비중이 또 올라가면 상승하여 얻은 2%를 추가로 차익 실현하는 것이다.

이 과정을 반복하며 계속 매도를 하다 보면 동일한 보유 비중을 유지하면서도 자연스럽게 내가 가진 총 주식 수가 줄어들었을 것이다. 그럼 나중에 팔 때는 '몇 주 안 남았네' 하면서 쉽게 던질 수 있게 된다. 멋진 차익 실현이 되는 것이다. 이렇게 멋지게 차익 실현

국내외 동종업계 기업의 밸류에이션

	기업명	시가총액 (백만 달러)	PER (배)		PBR (배)		EPS 증가율 (%)	
			2021(E)	2022(E)	2021(E)	2022(E)	2021(E)	2022(E)
배터리셀	삼성SDI	40,637	40.9	32.3	3.4	3.0	90.6	27.8
	LG화학	50,309	26.7	23.4	3.1	2.7	352.6	14.0
	SK이노베이션	18,187	71.7	31.0	1.3	1.3	흑전	110.6
	Panasonic	32,120	22.2	15.2	1.6	1.4	-35.5	46.2
	CATL	113,067	96.1	70.4	11.8	10.4	47.6	34.0
	BYD	69,596	63.5	47.9	6.0	5.0	32.6	32.8
	Lishen	265	N/A	N/A	N/A	N/A	N/A	N/A
	Guoxuan High Tech	2,240	25.6	17.5	1.3	1.3	-34.0	46.9
양극재	엘앤에프	1,944	158.9	38.1	10.3	8.2	흑전	317.4
	에코프로비엠	3,063	44.5	28.2	7.0	5.7	67.9	51.9
	코스모신소재	485	34.6	19.2	3.2	2.7	35.4	80.5
	포스코케미칼	10,556	107.7	82.5	6.7	6.2	195.8	30.5
	LG화학	50,309	26.7	23.4	3.1	2.7	352.6	14.0
	Beijing Easpring	3,296	28.3	22	4.4	3.8	30.6	28.9
	Ningbo Shanshan	3,575	28.3	19.3	1.8	1.7	113.2	48.1
	Sumitomo Metal Mining	12,633	17.2	11.1	1.2	1.1	21.4	54.0
	Tanaka Chemical	393	N/A	N/A	N/A	N/A	N/A	N/A
	Umicore	13,051	25.4	23.7	3.9	3.6	6.1	8.8
	Nichia	1,702	19.1	12.1	1.4	1.3	-37.4	57.9
	Mitsui	2,023	8.8	10.2	1.2	1.1	1,449.8	-13.7
	Xiamen	4,131	22.8	N/A	3.0	N/A	49.4	N/A
	BYD	69,596	63.5	47.9	6.0	5.0	32.6	32.8
	Guoxuan	7,151	90.4	64.3	3.8	3.5	93.8	41.9

ROE (%)		매출액		영업이익		EV/EBITDA (배)	
2021(E)	2022(E)	2021(E)	2022(E)	2021(E)	2022(E)	2021(E)	2022(E)
8.3	9.6	13,888	16,771	1,124	1,505	20.6	16.9
11.6	12.1	39,373	45,494	3,588	4,057	10.6	9.5
1.9	4.0	42,304	47,132	703	1,279	15.5	12.1
7.4	10.4	60,980	64,366	2,173	3,053	7.4	6.2
13.1	15.2	11,194	15,471	1,488	1,990	46.5	33.3
8.9	11.4	34,407	40,488	1,769	2,233	22.6	15.2
N/A	N/A	N/A	N/A	N/A	N/A	N/A	N/A
5.8	7.5	3,492	3,805	182	212	8.4	7.7
7.0	24.0	708	1,403	22	99	59.8	22.7
17.1	22.3	1,329	1,943	97	151	27.6	18.9
9.7	15.3	361	591	22	39	N/A	N/A
7.3	7.9	2,092	2,584	130	173	55.1	43.5
11.6	12.1	39,373	45,494	3,588	4,057	10.6	9.5
16.0	17.6	1,149	1,541	142	191	26.8	20.4
6.7	7.9	2,564	3,139	124	267	27.1	17.6
7.5	11.1	8,402	9,298	828	1,344	12.5	8.7
N/A	N/A	N/A	N/A	N/A	N/A	N/A	N/A
14.6	13.7	4,534	5,014	761	842	13.3	12.5
7.8	11.4	1,767	1,844	168	195	7.0	6.1
14.7	11.3	4,626	5,011	357	309	6.2	6.4
N/A	N/A	4,192	N/A	347	N/A	N/A	N/A
8.9	11.4	34,407	40,488	1,769	2,233	22.6	15.2
4.2	6.2	1,270	1,697	118	171	35.7	26.8

출처: 메리츠 증권

을 하려면 앞에서부터 철저하게 준비해야 한다. '절대가격'에 대한 기준을 정해놓고 있어야 가능하다는 이야기다. 밸류에이션이 절대적인 답은 아니지만 밴드차트는 합리적인 수준의 목표가를 설정하는데 효과적인 도구가 된다. 우리는 이 단순하고도 쉬운 도구를 이용해 매매에 대한 준비, 마음의 각오를 다지면 되는 것이다.

SUMMARY

- 밸류에이션은 어렵게 하지 마라. 제일 간단한 PER, PBR만 적용해도 된다.
- 밸류에이션이 적용된 목표 주가 밴드를 설정하라.
- 정해진 밴드가 기준이 되어 매매의 정교함을 키워줄 것이다.
- 우리에게 필요한 것은 정확한 밸류에이션이 아니라 투자자인 본인이 매수, 매도할 개념적인 기준선을 정하는 것이다.

39

매수냐, 매도냐
선택은 둘 중 하나

이렇게 기업의 역사, 주주 현황, 수급, 사업부 분석, 밸류에이션까지 마무리하고 나면 매수, 매도, 홀딩, 매수 유보 등 답이 나올 것이다. 투자자에 따라서 생각이 다를 수 있지만 중요한 것은 결론이 정해진다는 것이다. 알려주고 싶은 한 가지 팁은 이때 매수, 매도로만 결론을 내리라는 것이다.

만약 홀딩이라는 결론을 내리려면 가지고 있는 주식이 좋아서 당연히 더 상승할 것이라는 확신이 있어야 한다. 투자 의사결정이 어려워서 홀딩하기로 결정하면 안 된다. 매수 유보도 마찬가지다. 지금 살까 말까 고민되면 쳐다도 보지 말아야 한다. 괜히 마음만 흔들린다. 따라서 결론은 명확하게 내리길 추천한다. 실제로 회사에서 애매한 결론을 이야기하면 "매니저가 매수 아니면 매도지 중간이 어디 있냐?"라는 말을 듣는다.

그리고 기업 리포트를 작성했다면 결론 부분에는 주식을 대하는 투자자로서의 전략에 대해서 기입을 해두는 것을 추천한다. 시간이 지나면 처음 공부한 내용이 서서히 잊히기 시작한다. 그래서 처음에 세운 대응 전략을 보고 즉시 대응할 수 있을 정도로 정리를 해두는 것이 좋다.

대응 전략은 다른 사람에게 설명할 수 있을 정도로 구체적으로 작성해야 좋다. 특정 이벤트가 좋아 보여서 투자했다면 그 이벤트가 실제로 발생할 경우 어떤 대응을 할 것인지 생각해 보는 것이다. 또 이벤트를 기다리는 동안 예상했던 목표가를 달성하면 어떻게 대응할 것인지 등 투자 기간 동안 벌어질 일들을 상상해 보고 정리해 보는 것이 좋다. 이런 시나리오가 반영된 목표가는 단기적으로 얼마인지 경우의 수와 목표로 하는 금액을 구체적으로 정해두는 게 좋다.

이렇게 섹터별로, 종목별로 지속적으로 정보가 축적된다면 시간이 갈수록 내공이 쌓여갈 것이라고 확신한다. 기업은 몇 년 사이에 크게 바뀌지 않는다. 또 기업은 이익을 창출하는 것을 목적으로 한다. 우리는 기업이 이런 단순한 명제에 따라 움직이고 있는지 그 방향에 대해서만 업데이트를 계속하면 된다. 한 번 제대로 공부한 주식은 평생 투자자 자신의 종목이 될 것이다.

SUMMARY

- 결론과 투자 전략을 구체적으로 명시하라.
- 처음에 정한 구체적인 전략이 주가나 특정 이벤트에 변화가 생겼을 때 투자 지침서의 역할을 할 수 있도록 최대한 명확하게 정리하자.
- 이렇게 한 번 제대로 공부한 주식은 평생 나의 주식이 되는 것이다.

40

아직도 두렵다면
'무한 반복'이 답이다

개인투자자의 최종 목적은 종목에 대한 '투자 의사결정'을 내리는 일이다. 의사결정을 내릴 때 조금이라도 거리낌이 없어야 진정한 투자 경험이 쌓이게 된다.

앞에서 언급했던 많은 과정들을 다시 한번 정리하자면 이렇다. 먼저 시대를 파악하고, 그 속에서 돈의 흐름을 읽는 것부터 시작한다. 큰 물결을 잘 타는 것만으로도 우리의 투자는 제대로 된 방향으로 향하게 될 것이다. 이 물결 속에서 압도적인 성장률을 보이는 주도 산업을 파악하고, 산업의 밸류체인을 정리해 핵심 기업들만 파고들면서 공부한다면, 시간을 낭비하지 않으면서 성공 투자의 확률은 더 높아지고 있을 것이다.

이와 같은 과정을 무한 반복하면서 자기만의 방식을 계속 발전시키면 투자자 개개인의 HTS 화면은 보다 정교한 답지로 바뀔 것이다. 잘 정리된 화면은 보고만 있어도 시장의 흐름이 파악될 것이다.

그리고 개별 종목의 매수, 매도 판단이 결정될 때마다 HTS의 관심종목 화면을 업데이트하는 것을 습관으로 만들어야 한다. 섹터마다 분류해 놓은 뒤 투자 매력도, 시가총액 등 투자자의 기준에 따라 지속적으로 정렬을 업데이트하는 것이다. 모든 종목을 다 살 수 없으므로 우선순위를 적어놓는 것이다. 시시각각 바뀌는 시장에 능동적으로 대응하기 위함이다.

투자를 하다 보면 "살 것이 있어야 팔지"와 "팔아야 사지"라는 말을 하곤 한다. 전후 순서가 어떤 것이 맞는지 모르겠지만 둘 다 매수도, 매도도 선뜻하지 못하는 투자자들이 자주 하는 말이다. 우리가 바라는 궁극적인 목표가 매매로 인한 수익률인데 실천을 하지 못하는 것은 문제라고 본다. 만약 지금 내가 가진 것보다 더 높은 기대수익률과 더 빠른 투자 회수가 예상되는 종목이 있다면 우리는 그 종목을 사게 될 것이다. 그럼 살 것이 생겨서 팔든, 팔아서 사든, 어떤 액션이라도 취하게 될 것이다.

기업의 역사와 비지니스 구조를 이해하고, 실적과 성장성을 파악해 이를 감안한 적정 밸류에이션을 판단할 줄 알고, 여기에 명확한 목표가까지 정해놓는다면 투자의 정확도를 높일 수 있다. 그러니 출처도 모르는 '~라고 하더라'에 투자하는 것은 그만 멈추고 나의 분석과 판단이 투자의 근거가 되는 경험을 해보았으면 좋겠다. 매수, 매도라는 최종 의사결정을 내리는 과정을 매일매일 부지런히 실천하다 보면 점점 자신감이 붙을 것이다.

앞서 말한 과정을 무한 반복한다면, 자신도 모르는 사이에 자연스럽게 시대의 1등주에 투자를 하고 있을 것이며, 지수의 급등락에도 불구하고 안정적인 수익률을 확보하고 있을 것이다.

SUMMARY

- 내 시간을 들여 기업을 분석하고 의사결정을 해야 진짜 나의 투자 경험이 된다.
- 공부한 내용은 HTS에 흔적으로 남겨라.
- 아직도 매수, 매도가 어렵다면 무한 반복이 답이다.
- 책에서 소개한 방법을 반복하다 보면 자연스럽게 시대의 1등주에 투자하고 있는 당신을 발견하게 될 것이다.

17년간 한결같았던
나의 공부법

이 글을 적으면서 자연스럽게 과거 입사때부터 지금까지의 일들을 뒤돌아보게 되었다. 2004년 말, 아무것도 모르던 대학 졸업반 학생이 저축은행의 고유자금을 운용하는 부서에 입사를 했다. 그리고 증권사, 투자자문사, 자산운용사를 거치면서 회사의 자본금, 개인 고객의 투자금, 국민연금, 공제회 등 다양한 성격의 자금을 운용하며 조금씩 노하우를 쌓아갔다.

그리고 전략도 롱온리(Long only), 롱숏(Long-short), 헤지(Hedge) 등 국면마다 시대에 맞는 다양한 전략을 구사하는 펀드들을 운용했고 운 좋게도 좋은 성과를 만들게 되면서 지금의 위치까지 오게 되었다. 약 17년이라는 세월은 길다면 길고 짧다면 짧은 기간인데 과연 이러한 글을 적을 자격이 되는지에 대해서도 고민을 할 수 있는 뜻 깊은 시간이 되었다.

사실 이 책은 온전히 필자가 체득한 내용을 정리한 것이다. 따라서 정답이 아닐 수 있으며 여러분이 생각하는 전문적인 내용이 아닐 수도 있다. 하지만 필자는 펀드매니저로 일하며 운 좋게 좋은 선배님들을 만났고, 기초를 닦으며 깊이 있게 공부할 수 있는 시간을 받았고 혹독한 훈련도 받았다. 이 과정을 거치며 동료들과 함께 고민했던 각종 이야기들을 나름의 방식으로 발전시켜보려고 했다.

분명한 것은 이 과정을 직접 거쳐본 것과 그렇지 않은 것은 극명하게 차이가 난다는 것이다. 필자도 어느새 운용사 본부장만 7년째이고, 팀장 경력까지 합치면 총 경력 17년 중에 10년을 '장'의 역할을 했다. 매니저들 관리도 해야 했는데 이 과정에서 했던 방식은 항상 동일했다. 필자가 배웠고, 발전시켰고, 발전시키고 싶은 방향대로 매니저들을 이끌어 왔다. 이들과 함께 논의하면서 점차 체계적인 방법이 되었고 하나의 회사의 시스템으로 안착시켰다고 생각한다.

그런데 똑같은 방식을 거쳐도 어떤 매니저는 빠르게 흡수하고

자기만의 것으로 발전시키는데, 어떤 매니저는 이것저것 따라하다가 시간이 지나 결국 흐지부지 마무리했다. 과거에 필자와 함께 이 방식대로 공부를 꾸준히 해왔던 친구들은 실제로 모두가 어느 자산운용사든지 팀장 역할을 하고 있다. 비록 지금은 타 운용사에서 근무하고 있지만 이들과는 아직도 시간이 있으면 함께 공부하고 고민을 나눈다.

이 책을 쓰면서 초보투자자들이 펀드매니저처럼 전문적으로 분석할 수는 없더라도 최소한 돈 들이지 않으면서도 놓치는 것 없이, 그러면서도 괜찮은 수준에 도달할 수 있는 공부 방법론을 전달하고자 했다. 물론 어쩔 수 없이 업계 용어를 써서 어렵게 표현된 부분도 있겠지만, 어떤 부분에서는 무리 없이 이해시키기 위해 일부러 더 깊게 들어가지 않고 마무리하는 등 최대한 쉽게 쓰기 위해 무던히 노력했다. 부족한 내용이지만 투자자들에게 조금이라도 도움이 되기를 바란다.

책은 크게 세 가지로 구성했다. '투자를 하기 위한 마음의 준비', '주식시장 파악하기', '기업을 공부하는 방법'을 순서대로 살펴보는 구성이다. 필자가 의도한 대로 방법론이 잘 전달되기를 바란다. 각

장에는 우리가 쉽게 실천할 수 있는 내용을 넣었는데, 이것을 토대로 기초를 잘 쌓아 개인투자자들이 자기만의 방법을 만들 수 있었으면 좋겠다.

　데이터는 객관적인 자료지만 분석을 하다 보면 신기하게도 투자자들의 마음이 직관적으로 반영되어 있다는 걸 알 수 있다. 이제 앞에서 배운 객관적인 데이터를 가지고 시장 참여자 모두가 순응할 수밖에 없는 나만의 투자 논리를 펼쳐보자. 성공적으로 시대의 1등주에 투자할 수 있기를 바라면서 이 글을 마친다.

한눈에 보는
기업 리포트

이 리포트는 앞에서 언급한 종목 공부에 대한 예시를 들고자 첨부했다. 필자가 과거에 직접 작성한 리포트이며, 이 정도만 정리해도 전문가처럼 투자할 수 있다는 단적인 예를 보여주고자 첨부한 것이므로 종목 추천이나 현재 투자 의사결정과는 절대 무관한 것임을 밝힌다.

해성디에스(195870)

Key Data

KOSPI(pt)	2,307.07
현재가(원)	18,900
52주 최고/최저(원)	22,400 / 15,750
시가총액(십억 원)	321.3
시총비중(KSP, %)	0.02
60일 평균 거래량(천)	128
평균 거래대금(억 원)	2,486.40
외국인 지분율(%)	3
주요주주 지분율(%)	
계양전기(주)	37.4
해성디에스우리사주조합	5.1

Financial Data (십억 원, %)

	2013	2014	2015	2016	2017	2018F	2019F	2020F
매출액	0	165.2	246	276.2	325.1	383.2	444.5	515.9
YoY	NA	NA	48.9	12.3	17.7	17.9	16	16.1
조정영업이익	0	9.9	18.8	25.8	33.9	34.7	44.1	51.9
YoY	NA	NA	89.4	37.4	31	2.4	27.2	17.6
순이익(총)	0	20.2	14.7	18.8	23.9	26.2	33.2	39.4
YoY	NA	NA	(27.4)	28.3	26.8	9.7	26.6	18.8
EPS	0	1,977	979	1,175	1,410	1,543	1,975	2,324
YoY	NA	NA	(50.5)	20	20.1	9.4	28	17.6
BPS	0	6,905	7,929	9,477	10,644	11,894	13,571	15,563
DPS	0	0	0	250	300	310	353	385
Net DER	0	36.2	17.4	27.1	32.9			

주가 상승률 (Beta: 0.82)

	절대	상대
1W	0.8	-0.7
1M	-3.57	-2.75
3M	7.39	15.67
12M	9.88	20.06

Profitability Analysis (%)

	2013	2014	2015	2016	2017	2018F	2019F	2020F
OP Margin ▪▪▎▌▎▊		6.01	7.64	9.35	10.41	9.05	9.92	10.05
EBITDA Margin		9.3	11.52	12.68	13.55	12.21	12.73	12.34
NET Margin		12.24	5.97	6.82	7.35	6.84	7.46	7.64
ROE ▪▎▎▎▊			13.2	13.47	14.02	13.69	15.51	15.95

EPS 추정치 변화율

	2018	2019
1W	0	0
1M	0.10	2.44
3M	-1.04	2.47

KOSPI Valuation

PER	9.22	8.50
PBR	0.99	0.93

Valuation

	2013	2014	2015	2016	2017	2018F	2019F	2020F
PER (High)				14.00	15.88	12.41	10.2	8.68
(Low)				8.20	8.83	11.90	8.73	7.47
(End/Avg)				11.02	11.7	12.25	9.57	8.13
PBR (High)				1.74	2.10			
(Low)				1.02	1.17			
(End/Avg)				1.37	1.55	1.59	1.39	1.21
EV/EBITDA		2.44	0.73	7.54	7.72	5.46	4.25	3.61

(주)실적치의 밸류에이션은 주가 기준으로 최고/최저가 표시되며, 추정치는 EPS 추정치 최고/최저 기준으로 표시됨

Quarterly Data

	16.06	16.09	16.12	17.03	17.06	17.09	17.12	18.03	18.06F	18.09F	18.12F	19.03F
매출액	71.8	69.2	68.2	77.4	81.7	82.9	83.1	87.9	95	100	101.5	102.7
YoY	11.8	11.1	18	15.3	13.8	19.8	21.9	13.7	16.2	20.7	22.1	16.8
조정영업이익	8.4	3.6	5.6	10.5	9	7.1	7.3	6.6	8.4	9.7	10.4	8.8
YoY	117.7	(43.0)	1.9	27.2	7.9	95.3	29.3	(36.4)	(6.8)	36.2	42.8	32.4
QoQ	NA	(56.3)	54	86.1	(13.8)	(20.9)	1.9	(8.5)	26.3	15.5	7	(15.2)
Margin	11.6	5.3	8.2	13.5	11	8.6	8.7	7.6	8.8	9.7	10.2	8.6
순이익	6.6	1.5	5	6.8	7.3	5.3	4.5	4.9	5.9	7.4	7.9	6.4
YoY	106.2	(73.2)	36.1	17.2	11	249.2	(9.4)	(27.1)	(18.5)	39.1	75.2	29.1
Margin	9.1	2.2	7.3	8.7	8.9	6.4	5.4	5.6	6.3	7.4	7.8	6.2

주가 및 상대수익률

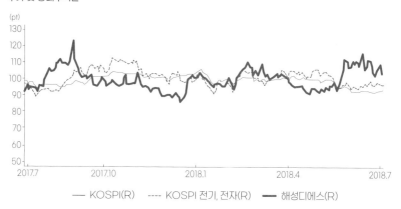

PER 밴드

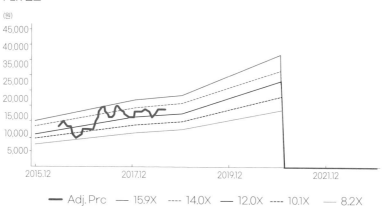

1. 연혁

- 1984년 Stamped Lead Frame 사업 시작(삼성전자에서 인수)

- 1990년 Etched Lead Frame(ELF) 공장 준공 및 생산 개시

- 1995년 정밀기술 1등급 공장 인증 획득, 매출 1000억 원 달성

- 1998년 u-BGA용 Tape substrate 생산, QFN 개발 및 양산화 성공

- 2001년 u-PPF 기술특허 수출

- 2005년 Reel to reel BOC 생산라인 준공 및 양산

- 2008년 2Layer BOC 양산, ILP 100um에칭 패턴 기술 개발

- 2010년 플립칩 BGA, LED용 리드프레임(Lead frame) 등 사업 영역 확대

- **2014년 삼성테크윈 MDS사업부로부터 독립, 해성그룹 편입 → 현재 삼성테크윈 CFO가 현재의 CEO로 재직 중**

- 2015년 Routable MLF 양산 개시

- 2016년 유가증권시장 신규 상장

2. 주가 흐름

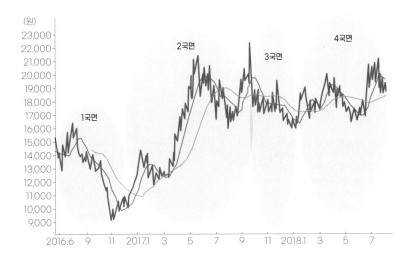

가. 1국면

- Package substrate 사업부는 해성그룹 편입 후 국내외 종합 반도체 업체 고객사 추가 확보

- SK하이닉스 2015년 4분기 초도 매출 발생, 2016년부터 매출액 110억 전망되며, 마이크론향 초도 매출은 2017년 하반기 예상

- IPO 자금은 3Layer 이상의 다층 Package substrate 제품 생산을 위한 설비 투자에 사용할 예정

- 업계 유일의 Reel to reel 생산방식을 통해 경쟁사 대비 낮은 가격에 공급하여 기존 고객 사 내 일정 부분의 점유율 확보 가능할 전망
- 하반기 진입 성공 시 2017년 200억 원 수준의 매출 상향 요인
- 위와 같은 투자 포인트를 가지고 상장했으나, 3분기 영업이익 yoy -56%로 실적 우려 부각(원자재 가격, 환율에 따른 변동성 파악)
- 삼성테크윈, LG이노텍이 포기 또는 축소한 사업을 할 수 있을까에 대한 우려, 모바일 진출 투자(고층 Package substrate)에 따른 감가상각비(500억 수준) 부담

나. 2국면

- 반도체 시장 및 차량용 반도체 시장 증가(자율주행차 상용화, 전장화 부각)로 전방 산업 성장 성에 대한 점수 부여
- 차량용 반도체 시장 성장에 따른 리드프레임 매출 증가 기대, 설비투자에 따른 Substrate 부문 성장 가속화 기대
- 무난한 분기 실적 및 저평가 매력으로 주가 강세

다. 3국면

- 2017년 3분기 실적 부진 : 원재료인 구리 가격 상승, 비우호적인 환율 영향, 2분기에 이어 삼성향 전략 제품 매출 공백, 인력 증가에 따른 인건비 증가
- 3Layer package substrate 제품 생산을 위한 투자가 마무리되면서 4분기부터 순차적으로 가동될 전망이었으나, 양산 인증 지연으로 감가상각 및 인건비 비용 부담

라. 4국면

- 매출액은 전망치 부합, 영업이익은 컨센서스 하회하는 패턴 반복
- 신규 공장 가동 지연에 따른 고정비 부담 지속
- 자율주행 및 전장화 이슈에 따른 모멘텀 상승, 실적에 따른 펀더멘털 하락하는 형태 반복
- 전방산업 성장에 따른 기대치와 성장하는 매출로 주가는 PER 10배 수준에서는 상승
- 실적 시즌에는 원재료 부담, 신규 공장에 따른 감가상각 및 고정비 부담으로 인한 실적 부진으로 하락
- 2017년 3분기 실적부터 지속 반복되고 있는 패턴으로 투자자 인식이 심어지고 있는 상황

해성디에스 주가 및 구리 가격

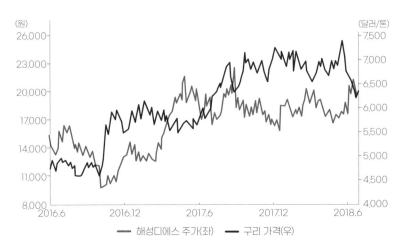

해성디에스 주가(좌) ━ 구리 가격(우)

구리(NYMEX) 변동 추이

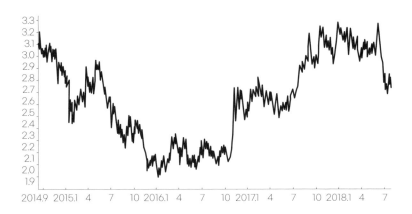

3. 계열사 현황

계열회사 등의 투자지분 현황(기준일: 2018년 3월 31일, 단위: 주, %)

| 투자회사 | | 해성디에스(주) | | 해성산업(주) | | 계양전기(주) | | 한국제지(주) | | (주)한국팩키지 | | 비고 |
피투자회사		주식수	지분율	주식수	지분율	주식수	지분율	주식수	지분율	주식수	지분율	
해성디에스(주)		-	-	170,000	1	1,635,000	9.62	1,190,000	7	-	-	
해성산업(주)		-	-	-	-	-	-	-	-	-	-	
계양전기(주)	보통주	-	-	3,038,230	9.32	-	-	2,851,510	8.75	-	-	
	우선주	-	-	-	-	-	-	10,000	0.71	-	-	
한국세지(주)		-	-	281,955	5.63	-	-	-	-	-	-	
(주)한국팩키지		-	-	-	-	-	-	10,000,000	40	-	-	
소주해성디에스무역유한공사		-	100	-	-	-	-	-	-	-	-	해외법인
국일제지(장가항)유한공사		-	-	-	-	-	-	-	100	-	-	해외법인
계양전기소주유한공사		-	-	-	-	-	100	-	-	-	-	해외법인
계양전기강소유한공사		-	-	-	-	-	100	-	-	-	-	해외법인
HK특수지상사(주)		-	-	-	-	-	-	88,000	19.64	-	-	
HANKUK PAPER USA, INC		-	-	-	-	-	-	100,000	100	-	-	해외법인
(주)우영엔지니어링		-	-	-	-	-	-	-	-	-	-	
(주)경재		-	-	-	-	-	-	-	-	-	-	
해성테크놀로지(주)		799,200	66.6	-	-	-	-	-	-	-	-	
해성바이오(주)		1,000,000	66.66	-	-	-	-	-	-	-	-	

※ 국일제지(장가항)유한공사, 계양전기소주유한공사, 계양전기강소유한공사,
소주해성디에스무역유한공사는 주식발행 없음

4. 주주 현황

최대주주 및 특수관계인의 주식소유 현황(기준일: 2018년 3월 31일, 단위: 주, %)

성 명	관 계	주식의 종류	소유주식수 및 지분율				비고
			기초		기말		
			주식수	지분율	주식수	지분율	
계양전기(주)	본인	보통주	1,635,000	9.62	1,635,000	9.62	최대주주
한국제지(주)	특수관계인	보통주	1,190,000	7.00	1,190,000	7.00	계열회사
해성산업(주)	특수관계인	보통주	170,000	1.00	170,000	1.00	계열회사
단재완	특수관계인	보통주	1,050,000	6.18	1,050,000	6.18	계열회사임원
단우영	특수관계인	보통주	1,050,000	6.18	1,050,000	6.18	계열회사임원
단우준	특수관계인	보통주	1,050,000	6.18	1,050,000	6.18	계열회사임원
조돈엽	특수관계인	보통주	180,000	1.06	180,000	1.06	계열회사임원
조성래	특수관계인	보통주	30,000	0.18	20,000	0.12	계열회사임원
계		보통주	6,355,000	37.38	6,345,000	37.32	-
		-	-	-	-	-	-

- 한화자산운용 5.05% 지분 신고된 상황

5. 실적 및 사업부 현황

	1Q17	2Q17	3Q17	4Q17	1Q18	2Q18	3Q18 (E)	4Q18 (E)	2016	2017	2018 (E)	2019 (E)
원/달러(평균)	1,155	1,130	1,160	1,106	1,072	1,075	1,100	1,100	1,161	1,131	1,087	1,100
매출액	77	82	83	83	88	94	101	102	276	325	385	440
성장률 (%, YoY)	15.3	13.9	19.8	21.9	13.7	14.9	21.9	22.5	12.3	17.7	18.3	14.5
Lead frame	61	66	66	66	68	77	78	68	212	259	290	322
Package substrate	17	16	17	17	20	17	23	34	65	66	94	118
매출총이익	17	16	14	14	14	15	16	18	50	61	63	76
영업이익	10.5	9.0	7.1	7.3	6.6	7.3	8.7	9.6	25.8	33.9	32.2	41.6
성장률 (%, YoY)	27.3	7.9	95.1	29.2	(36.4)	(19.6)	21.7	32.1	37.4	31.0	(5.0)	29.3
세전이익	8.4	9.2	6.7	2.1	6.1	7.2	9.1	9.9	23.2	29.4	32.3	41.0
순이익	6.8	7.3	5.3	4.5	7.9	5.9	7.4	8.0	18.9	23.9	26.2	33.2
성장률 (%, YoY)	17.2	11.1	25.0	(9.6)	(27.1)	(19.5)	38.9	77.6	28.3	26.7	9.7	26.8
이익률(%)												
매출총이익	21.8	19.2	16.9	17.1	15.5	16.0	16.3	17.5	17.9	18.7	16.3	17.3
영업이익	13.5	11.0	8.6	8.7	7.6	7.7	8.6	9.4	9.4	10.4	8.4	9.4
세전이익	10.9	11.2	8.1	6.2	6.9	7.7	9.0	9.7	8.4	9.0	8.4	9.3
순이익	87	8.9	6.1	5.4	5.6	6.3	7.3	7.9	6.8	7.1	6.8	7.5

자료: 삼성증권

가. 실적

- 2018년 가이던스 매출액 3800억 원(리드프레임 3000억, 패키지 800억, 자동차용 리드 프레임 매출액 1100억 원 전망)
- Organic한 OPM은 10%가 기준이며, 여기서 등락이 발생
- **상반기 실적 부진으로 2018년 연간 이익률 전망도 8~9% 사이로 하향 조정**
- **상반기 평균 환율 1070원 수준까지 하락한 것(수출 비중 95%)과 구리가격 급등이 직격탄**
- **구리가격은 LME 가격 기준으로 연동하며, 현재 분기 기준 전분기 평균 가격이 다음 분기 판가가 되며, 원재료는 거의 스팟으로 반영됨(원재료 재고 2주 정도)**
- 고객사 물량의 60% 수준은 판가 전가가 되는데, 나머지는 안 되는 것으로 파악됨(IR의 뉘앙스에 따른 추론)
- **고정비 상승한 이슈도 존재 : 신규 공장 증설 400억 투자 5년 감가상각으로 연간 감가상각 80억 증가 + 52시간제로 3팀 3교대에서 4팀 3교대로 인원 증가(인건비 8% 상승)**
- 고정비 증가에 따라 DRAM 물량 대신 NAND 물량으로 고정비 소폭 커버하고 있음 : 고육지책

나. 리드프레임

- 리드프레임 : 반도체 칩과 외부 회로를 연결시켜주는 전선(Lead) 역할과 함께 반도체 패키지를 전자회로 기판에 고정시켜주는 버팀대(Frame) 역할을 하는 재료

- 패드에 칩을 올려서 리드와 와이어본딩을 하고 컴파운드를 하면 반도체가 되는 구조
- **구리 소재라서 외부환경 변화에도 안정적이며, 열에도 강함**

- 자동차 반도체는 열 등의 이유로 성능 테스크가 매우 까다로움
- 방열성 : PMIC전력제어용 반도체에 주력으로 사용
- IoT, 가전제품, 전기자동차(배터리) 등에 사용됨
- 다양한 이름으로 여러 군데 사용 중

(1) 산업 구조조정
리드프레임 상위 업체 현황

회사명	M/S(%)	국적(본사)	공장 위치
Mitsui High-tec	11.8	일본	일본, 말레이시아, 싱가포르, 대만, 중국
Shinko Electric industries	9.9	일본	일본, 말레이시아, 싱가포르
SDI	8.8	대만	대만, 중국
ASM Pacific	8.7	홍콩	말레이시아, 싱가포르, 중국
Chang Wah Technology	8.6	대만	중국, 대만, 일본, 말레이시아
Haesung DS	7.2	한국	한국
Ningbo Kangqiang Electronics	4.3	중국	중국, 대만, 일본, 말레이시아
Jin Lin Technology	3.9	대만	중국, 대만
Possehl Electronics	3.7	독일	홍콩, 중국, 싱가포르, 말레이시아, 프랑스 등
Enomoto	3.0	일본	일본, 중국

- 리드프레임은 역사가 오래된 산업이라 치킨게임, 금융위기, 구리가격 이슈 등 상황을 거치면서 남을 회사만 남은 상황
- 남은 업체도 점유율 차이가 크지 않은 것은 핵심 기술인 도금을 잘하는 업체가 몇 개 안남았기에, 수요처에서 안정적인 수급을 위해서 특별한 갑질이 없기 때문
- 물론 단가가 싸고, 다품종 소량생산 물량이 겹쳐지면 동사의 이익률은 하락하게 되는 Mix 구조이나, 대신에 고객사에서 신규 제품에 대한 구매를 통해 만회를 해준다고 함
- 해외 경쟁사들은 리드프레임만 하는 것은 아니고 다름 금형, 반도체 등의 사업도 병행하고 있으며, 고객사의 공장 부근인 동남아 지역에 동반 진출해 있음

- 동사는 창원 공장 1개만 있어서 납기일을 잘 맞추고, 관리가 잘된다는 측면에서는 강점
- 동사의 리드프레임 가동률 역시 85% 수준까지 올라와 있고, 전방의 수요가 강해지고 있어 고객사들의 증설 요구가 있으며, 해외 공장 건설에 대해서 검토 중
- 리드프레임은 도금이 필수(산화 방지)인데, 은도금을 주로 하고 있음. 그런데 은도금만으로는 자동차용으로 사용이 안 됨(방열 이슈)
- u-PPF 도금 : 금 + 은 + 리튬 + 팔라듐을 섞어서 전기도금을 하면 색은 은색을 띄게 되나, 내구성(15년까지 사용 가능), 방열성에서 성능이 개선됨
- 해성디에스 - 인피니언 - 보쉬 구조에서 보쉬가 동사의 PPF 도금에 대해 요구를 하여 인피니언이 구매하고 있다고 함
- RT기술 : 표면을 일부러 거칠게 해서 마찰력을 올려줘서 칩이 안 떨어지게 만드는 기술
- 동사가 타 회사보다 잘하는 기술은 박막으로 만들수 있다는 점이며, 얇게 만들고 넓게 만들면 고객은 싸고 많이 가져갈 수 있는 장점이 생김
- 리드프레임은 자동차 반도체 수요 증가, IoT 등의 신규 산업 성장으로 성장세 유지 : P의 상승보단, 다양한 제품군 확대로 인해 Q의 성장
- DDR1, 2, 3 위주였다가 4 공급은 작년부터, NAND도 양산 준비 중(삼성, SK하이닉스 둘 다 공급하는데 주력은 SK하이닉스)

(2) 자동차용 리드프레임

차량용 메모리 반도체 시장 규모

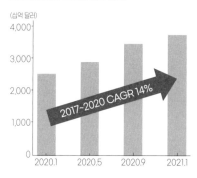

엔진 타입별 평균 반도체 탑재량

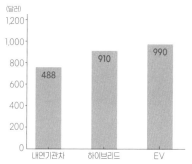

자료: IC Market Drivers, 삼성증권

자동차용 반도체 조건

	차량용	가정용	산업용
필수 수명	15년 이상	1~3년	5~10년
온도 조건	-40~155℃	-40~155℃	-40~155℃
습도 조건	0~100℃	낮음	높음
허용 불량률	0% 목표	10% 미만	1% 미만
재고 보유 기간	30년	1~3년	5년

자료: Bosch, 삼성증권

자동차향 반도체 주요 고객

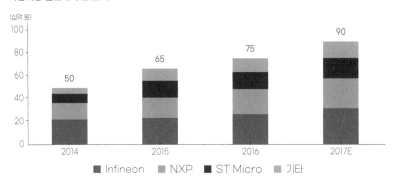

- 리드프레임에서 자동차용 반도체 업체로의 매출이 확대되고 있음
- Infineon(1위), NXP(3위), ST Micro(4위) 사 모두 자동차용 반도체 시장에서 확고한 입지 보유
- 자동차용 반도체 시장은 MCU, AP, 파워IC가 전체 자동차용 반도체 시장의 50% 이상 차지
- 향후 ADAS와 자율주행 기능이 발전하며 센서와 ISP(Image Signal Processor) 등의 시장이 빠르게 성장할 전망
- 동 부문에서 Mitsui high-tec, SH materials 등의 업체와 경쟁하고 있는데 해성디에스는 유해물질을 사용하지 않는 초박막팔라듐(u-PPF) 도금 기술을 바탕으로 환경규제에서 자유

- MSL(Moisture Sensitivity Level) 1 zero delamination 기술을 보유하고 있는 점도 경쟁사 대비 우위 요인
- MSL은 반도체 패키징의 습도에 대한 신뢰성 등급으로 제품의 높은 신뢰성이 요구되는 자동차 반도체용 기판 채택에 있어서 유리하게 작용할 전망
- **자동차용은 PPF 도입으로 일반 리드프레임의 1.5~2배 비쌈 : 일반 $1**
- 한 대당 탑재되는 반도체 400달러 정도밖엔 안 되어서 가격 저항은 없음
- 자동차에는 ECU보드가 들어가는데 25개에서 35개 들어가고 추세적으로 상승하고 있음 : 벤츠, BMW7 시리즈 등 80~100개씩 채택되고 있고, 중형차로도 확산 중
- 자동차 IATF16949 인증 2017년 11월 20일 인증 : 고객사에게 자동차용 미리 준비했다는 인식 주기 위한 것
- **이러한 흐름은 5G에서도 재현될 가능성이 높다고 판단됨**
- 차량용 ECU가 많아지는 이유는 통합을 하게 되면 사고가 발생할 가능성이 높아서, 안전과 제조사의 불안 제거를 위해 그냥 추가하는 방식을 선택
- 따라서 리드프레임 + BGA 하이브리드 형태로 제품을 만들고 있었음
- 금형의 개수도 2014년 29개, 2015년 45개, 2016년 46개, 2017년 70개, 2018년 80개 수준으로 금형 수가 증가하는 것도 고객사의 발주가 확정되는 추세랑 동일

자동차향 매출액 및 매출 비중

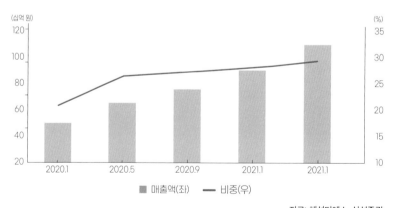

자료: 해성디에스, 삼성증권

자동차용 리드프레임 주요 고객

출처: 해성디에스

다. Package substrate

- 1990년에서 2000년으로 넘어오면서 리드프레임은 다리로만 성능을 구현하다 보니 한
  계가 와서 BGA가 개발되었음
- BGA는 면 위에 회로를 새기면서 성능과 기능을 만들기가 용이해지면서 성능과 효용이 좋
  아졌고, 층수도 높일 수 있게 만들었음
- 구리 호일에 회로를 입히는 방식이라서 고층으로 만들 수 있음
- 구리박막은 성능은 좋으나 레진 접합 방식이라서 가혹한 조건 견뎌야 하는 반도체로는 사용
  빈도가 낮음 vs. 인도어(컴퓨터, 서버, 핸드폰 등에 사용, 그래픽카드)
- 현재 PC용 및 서버용 DRAM에만 탑재되고 있음
- 사업 특성상 매출처가 소수의 업체에 한정되어 있으며, 15년 기준 동부분 매출액의 91%가
  삼성전자향
- 분사 이후 삼성전자 외의 고객사 확보에 집중하면서 SK하이닉스 확보
- 서버 DRAM쪽으로 수요가 늘다 보니, 공급이 늘어나고 있어서 기존 대비 이익이 성장될
  것으로 기대되고 있음

- 동사는 업계에서 유일하게 Reel to reel 방식으로 생산 : 시트방식 대비 이익률 10% 더 좋음

Package substrate 신규 시장 진입

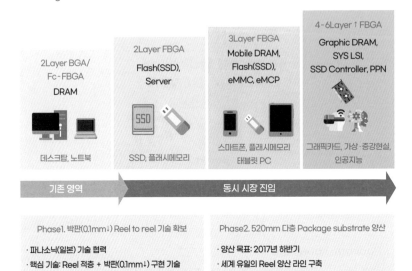

2Layer BGA/
Fc-FBGA
DRAM

데스크탑, 노트북

2Layer FBGA
Flash(SSD),
Server

SSD, 플래시메모리

3Layer FBGA
Mobile DRAM,
Flash(SSD),
eMMC, eMCP

스마트폰, 플래시메모리
태블릿 PC

4-6Layer 1 FBGA
Graphic DRAM,
SYS LSI,
SSD Controller, PPN

그래픽카드, 가상·증강현실,
인공지능

기존 영역 → 동시 시장 진입

Phase1. 박판(0.1mm↓) Reel to reel 기술 확보
· 파나소닉(일본) 기술 협력
· 핵심 기술: Reel 적층 + 박판(0.1mm↓) 구현 기술
· 투자 규모: 설비투자 300억 원 집행 완료(2017년 현재)

Phase2. 520mm 다층 Package substrate 양산
· 양산 목표: 2017년 하반기
· 세계 유일의 Reel 양산 라인 구축
· 예상 투자 규모: 약 200억 원

자료: 해성디에스, 삼성증권

- Sheet 방식은 BGA 원소재를 짤라서 사용하는 방식으로 잘라야 하고 이동도 시켜야 함
- Reel to reel 방식은 얇은 소재 형태로 생산이 되어 박막이 가능하며, 면이 넓어서 대량생산에도 적합
- 모바일용 소재는 보통 3층 구조인데, 구리 호일 + 레진의 합 공간의 제약으로 더 얇아져야 하는 수요 발생 : 동사 방식은 6층까지 가능
- 경쟁사는 비메모리가 주력(다품종 소량생산), 동사는 메모리(소품종 대량생산)
- 기술 자체는 삼성테크윈 시절 개발해 놓은 것
- 저부가 제품이라 소품종 대량생산 체제가 유리하며, 동사도 다품종 소량 생산은 외주를 통해 커버

라. 신규 공장 : 투자모멘텀의 지속적인 지연 요인
- 3Layer 이상의 다층 Package substrate를 생산할 것이며, 약 400억 원(5년 상각)
  투자하며 1단계 240억 투자했음
- 3L~6L을 동시에 생산할 것이고 삼성전자, SK하이닉스를 대상으로 공급할 계획인데, 수요
  처에서의 투자가 PC와 서버향에 집중되고 있어 순위에서 밀리는 상황이라고 함
- 2019년 정도에 매출 발생 가능할 것으로 전망
- 양산이 되더라도 고층화는 되는데, 알갱이 하나하나인 Q가 증가하는가에 대해선 의문 : 삼
  성 물량 감소하는 걸 SK하이닉스로 커버할 수 있을까하는 개인적 의문
- 창원 공장 리모델링하면서 설비 재배치하고 있음
- 신규 공장이 가동이 되면 2020년 이후에 BGA 메모리 시장을 6000억 규모로 보면, 총
  1200~1500억의 M/S를 차지하는 것이 목표이며, 400억 정도 투자가 합리적이라고 판
  단하여 시행

마. Capex
- 연간 Capex는 통상 유지보수 50~60억 + 설비 보완 등 50~60억 = 100~120억
- 올해 추가적으로 기존 DRAM 설비 150억 정도 투자를 하게 될 것
- 리드프레임 가동률 85%
- 기존 DRAM 설비는 가동에 목에 찼음 : 30% 정도 기존 설비 증설하고 하반기 설비 완료
  될 것 → 삼성, SK의 증설에 선제 대응
- 하반기에 설치될 것 : 삼성, 하이닉스도 계속 공장 증설하고 있어서, 그때 수주 주는 것에 대
  비해서 동행 증설
- 자금 필요하게 되면 차입

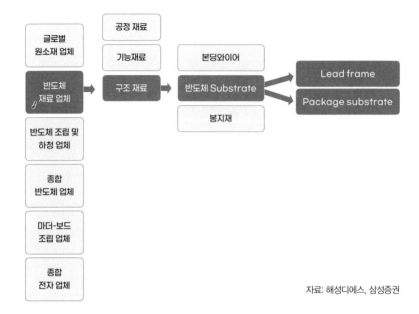

6. 결론 및 투자의견

- 기존 리드프레임 + Package substrate에서 리드프레임의 전방 산업 수요 증가에 따른 매출 증가 기대
- 기판 사업부 역시 증설 및 신규 고객사 물량 확보에 따른 매출 증가 기대
- 리드프레임 분야의 성장은 나오나 속도 면에서 폭발적이진 않음 + 5G 도입되면 한번 더 레벨업 가능하다는 점은 매력
- 기판 사업부는 상장시기부터 기대감을 주던 요인인데, 지속 지연되고 있다는 점에서 모멘텀의 제약 요인
- **전사적으로 보면 비용이 증가하고 있는 구간으로 투자기라고 볼 수 있음 → 증설 모멘텀 또는 전방 수요 증가에 대한 인식이 가미 & 급격한 매출 증가 증명하면 주가 폭등 가능**
- 실적 부분에서 매출은 무난하나, 이익단에서의 요인이 환율과 구리라는 통제가 안되는 요소라는 점에서 실적 미스에 대해 시장 신뢰가 낮아지고 있음

- 현재 10배 수준이며, 2분기 실적 컨센서스 하회를 했음에도 주가가 하락하지 않고 있다는 점 + 2차전지 테마 강화라는 점에서 추가 하락은 제한적
- 2018년은 영업이익이 역성장할 가능성이 높다는 점에서 실적상 휴식기이나, 계획대로 된다면 2019년 턴어라운드는 기대 : 영업이익 기준 1년씩 지연된 구조
- 12MF EPS × 15배(재료주로 인정) = 26,000원
- SKC코오롱PI, 삼화콘덴서와 같은 업체로 평가되면 밸류에이션 레벨업 가능하나, 향후 재판단

시대의 1등주를 찾아라

초판 1쇄 발행 2021년 9월 3일
초판 3쇄 발행 2021년 9월 27일

지은이 이한영
펴낸이 김동환, 김선준

책임편집 최구영
편집팀장 한보라   **편집팀** 최한솔, 최구영, 오시정
마케팅 권두리, 권희   **디자인** 김혜림
본문디자인 두리반

펴낸곳 페이지2북스   **출판등록** 2019년 4월 25일 제 2019-000129호
주소 서울시 영등포구 여의대로 108 파크원타워1. 28층
전화 070) 7730-5880   **팩스** 070) 4170-4865
이메일 page2books@naver.com
종이 (주)월드페이퍼   **인쇄·제본** 더블비

ISBN 979-11-90977-37-1 (03320)